파밍테라피

자연에서 답을 찾은 청년 농부의 희망보고서

Farming Therapy

파밍테라피

─코로나 이후의 미래 설계─

이정원
지음

생각의 지도

차례

희망보고서를 시작하며

자연은 언제나 우리를 짝사랑하고 있었는지 모릅니다.

우리를 짝사랑하던 자연이 언제나 그 자리에 그 모습으로 있는 줄 알았습니다.

여전히 우리 곁에서 묵묵히 지켜오던 짝사랑을, 이제는 우리가 돌아봐야 할 때입니다.

아주 아름답고 섬세하지만 때론 예민한 그 자연 말입니다.

코로나19로 전 세계가, 또 우리 삶의 모든 것이 변화되고 있습니다. 특히 일자리의 변화는 한 사람의 삶을 바꿔놓기까지 했습니다.

우리는 태어나면서부터 항상 타인과 함께했고 소통했습니다. 하지만 코로나19 이후 나 아닌 다른 사람들과 직접적인 대면을 피해야만 감염병을 걱정하지 않고 자유로울 수 있게 되었습니다.

코로나19 이후 우리는 곁에서 묵묵히 우리를 사랑하던 자연과의 대화에 귀 기울여야 합니다.

저는 농업을 전공하지 않았고 부모님께서도 농부였던 적이 없었습니다. 농사지을 땅 한 평조차 없었습니다. 그랬던 제가 어느 날 갑자기 농사를 짓고 농업과 관련된 일을 하겠다고 했을 때 많은 사람들은 저를 인생의 패배자인 것처럼 바라보았고 점점 발전하고 있는 지금 시대에 퇴행해간다고, 저를 이해하기 힘들다고 했습니다.

하지만 저는 인생의 패배자도 아니었고 퇴행하는 삶을 사는 것도 아니었습니다. 다양한 직업으로 직장 생활을 해보니 자연보다 더 큰 가능성과 스토리는 어디에서도 찾을 수 없었습니다. 그래서 자연이라는 문을 두드리며 그 속에 있는 농업과 농부를 만나게 된 것입니다. 어쩌면 세상에 순리를 조금 일찍 알게 된 것일지도 모르겠습니다. 자연에서 희망을 누구보다 먼저 알아차린 청년 지식인이지 않을까 자부심을 가져보기도 합니다.

가끔 자연을 바라보며 과거를 회상해봅니다. 서울에서 심리

학 석사를 할 때, 나 자신을 바라보는 것이 너무 힘겨워 공부를 포기할까 했지만 다행스럽게도 좋은 사람들을 만나 포기하지 않고 공부해서 상담전문가 자격을 취득했습니다. 그렇게 마음에 감기가 걸린 사람들을 만나 상담사의 길을 걸으며 치유를 시작했습니다. 사람들의 일그러진 얼굴이 화사해질 때쯤엔 저도 덩달아 행복감을 찾았습니다. 더 좋은 상담사가 되기 위해 끊임없이 공부하고 사람들을 만나면서 비로소 알게 되었습니다. 단순히 마음을 치유하는 것도 중요하지만 우리 몸이 건강할 때 진정으로 몸과 마음의 균형을 이룬 진짜 치유가 된다는 것을 알게 되었습니다. 그때 그걸 깨닫지 못했다면 그냥 겉에 맴도는 마음만 치유하지 않았을까 하고 생각해봅니다. 저 역시 힘이 들 때 커피 한 잔 들고 산을 바라보고 있으면 굳이 무엇을 말하지 않아도 마음이 편안해집니다. 이것이 바로 자연과 함께하는 치유입니다.

자연과 호흡을 맞춰가며 하는 일은 결단코 쉽지는 않았습니다. 예측 불가능했고 늘 변수가 존재했습니다. 하지만 자연이 하는 이야기에 귀 기울이다 보니 이젠 그 이야기를 듣고 예측을 하며 호흡을 맞출 수 있게 되었습니다. 여전히 까다로운 자연이지만 말입니다.

코로나19로 인해 대면으로 하는 일들이 비대면으로 바뀌었습니다. 소비 패턴에 큰 변화가 생기고 경제가 어려워졌습니다. 사람들이 직장과 삶의 터전을 잃어 고통 속에 시간을 보내야 했고 여전히 고통 속에 있습니다. 앞으로 얼마나 더 오래 이 고통 속에 지내야 하는지 알 수 없습니다.

그 과정에서 새로운 직업들도 하나둘 생겨나고, 모두가 지속 가능한 일자리에 대한 방향과 정책을 고민하며 방법을 찾고 있습니다.

우리 농부들은 코로나19 이전과 이후가 별반 달라지지 않았습니다. 우리가 대면해야 하는 것은 사람이 아니라 자연이었기 때문입니다.

자연과 함께 일하는 것이므로 코로나19로 전 세계가 멈춰도 우리는 밭을 일구며 일했고 여러 사람들이 집단으로 모일 일도 없어 굳이 사회적 거리두기를 하지 않아도 되었습니다. 특히나 마스크를 착용하고 일해야 하는 직업들과는 다르게 마스크를 착용하지 않고 편안하게 자연의 공기를 마시며 일할 수 있는 최대의 장점까지 가지고 있습니다.

우리는 퇴직도 없습니다. 중년 아버지들이 퇴직 이후를 걱정하며 퇴직 이후 창업 교육을 받거나 편의점을 차릴까 치킨집을 차릴까 고민하는 것으로 인해 집안이 시끌시끌해지는 것과 달리 우리는 자연이 존재하고 세상이 존재하는 한, 스스로 그만두지 않는 이상 퇴직하지 않아도 되는 독특한 직업입니다.

농부가 되어 농사를 시작하고 힘든 적도 있었습니다. 하지만 세상에 마냥 좋기만 한 일이 어디 있겠습니까? 힘들기도 하고 어렵기도 하지만 그 속에서 재미를 찾아가는 것이 인생이고 삶이지 않을까요? 저는 단 한순간도 농부가 되어 농사를 시작한 일에 대해 후회해본 적이 없습니다. 농업과 농촌 그리고 자연에서 제 인생을 리부트하며 언제나 무한한 가능성을 찾고 있기 때문입니다.

농사를 짓고 다른 농부들을 만나고 새로운 농산물을 만날 때마다 좀 더 좋은 가격으로 우리 아이들(농산물)이 식탁에 오르길, 건강하게 사람들이 살아갈 수 있기를 늘 바랍니다. 그래서 농사지으면서 농업경제학 박사까지 공부했습니다. 갑자기 왜 경제학이냐고 많이들 물었습니다. 경제를 알면 경영은 자연스럽게 알게 되고 그러다보면 농사를 짓고 농산물을 기획하고 마케팅하면서 농촌 사정을 쉽게 알 수 있을 것 같았습니다. 경제를 알면 우리가 지켜야 하는 이 농촌의 모습이 어떻게 변화되고 지켜져야 하는지 알 수 있기 때문입니다.

이제 우리 삶을 리부트할 때 가장 가까이 있는 자연을 한번 돌아보세요. 분명 우리가 할 수 있는 또 다른 새로운 세계가 있을 겁니다. 그리고 여전히 많은 희망이 농촌에 있습니다.

'농촌형 사회적 경제'라는 말,
들어보셨나요?

　농촌 그리고 사회적 경제. 절대적으로 어울리지 않을 것 같은 세 단어가 언제나 우리 곁에 그리고 우리들 역사에 자리하고 있다. 사회적 경제는 지역에 일자리와 사회 서비스를 제공하는 복지적인 개념과 경제적인 개념의 역할을 말한다.

　대부분 사회적 경제에 대해 사례를 들고 이야기를 할 때 외국의 사례를 가지고 우리 사회와 비교하곤 한다. 하지만 사회적 경제는 외국의 좋은 사례가 아니라 우리 농촌에 언제나 자리 잡고 있는 삶 그 자체였다.

옛 어른들은 "한 아이를 키우기 위해서는 온 마을이 필요하다."라고 말씀하신다. 요즘은 이해하기 어려울 수 있지만 우리가 어릴 때만 해도 부모님께서 급한 일이 생기면 이웃집 할머니, 할아버지 댁에 맡겨져 밥도 잘 얻어먹고 돌봄을 받았다. 그리고 마을 잔치가 있을 때면 또래들끼리 삼삼오오 모여 잔치를 즐기고 이웃 어른들도 꼭 자신의 자녀가 아니더라도 다 같이 챙겨주곤 했다.

그리고 슬픔을 온 마을이 함께했던 장례 품앗이가 있었다. 동네 누군가 돌아가시면 온 마을 부녀회에서 꽃상여를 만들고 정신없을 상주를 위해 주변 사람들이 하나하나 마음을 담아 장례 절차를 함께했다. 또한 농촌의 일손을 덜기 위한 품앗이도 그러하다.

농촌은 여전히 사회적 경제를 실천하고 있다. 요즘처럼 사회적 기업을 하기 위한 특별한 활동은 아니지만 농촌에서 서로 어울려 지내고 오고 가며 인사를 나누고, 밭일을 하고 있자면 말하지 않아도 일손을 보태고, 맛있는 음식이 있으면 당연히 이웃과 나누며 살아가는 것이 바로 사회적 경제다.

서로 오고 가며 인사하는 것은 농촌에서는 대단한 일이다. 특히 혼자 사시는 어르신들이 많은 요즘은 고독사도 방지하고 어르신들의 건강을 살필 수 있기 때문이다.

　물론 농업도 기계화되어 사람이 할 수 있는 일이 많이 줄었다고 하지만 여전히 농업은 사람의 일손이 닿지 않는 곳이 없고 반드시 사람의 손길이 닿아야 하는 부분들도 있다. 아무리 기계화가 된다고 해도 일반 공장처럼 기계에서 찍어내듯 할 수 없는 것이 농업이기 때문에 반드시 협동이 필요하다. 그래서 농촌의 공동체는 사회적 경제가 결합되어 있는 중요한 공간이다.

　특히 요즘 청년 농업인이 많이 육성되고 있는 시점에서 단순히 농사일을 하고 경제 활동을 하기보다는 청년 농업인과의 상생, 장년 농부와 청년 농부들과의 멘토, 고령 농가 돕기 등등 농촌에서 또 청년으로서 지역민을 위해 할 수 있는 일을 하고 있다. 단순 경제로만 이해하기 힘든 농촌만의 사회적 경제가 이루어지고 있는 셈이면서 공동체 회복이 되어가고 있는 모습이다. 사회가 변화된 만큼 과거의 전통적인 공동체 모습을 찾기는 어렵겠지만 현 시대에 맞는 농촌의 공동체 모습이 경제와 농촌의 융복합적 소통의 모습이라고 하면 이해가 조금 더 쉬울까?

특별하지 않은 듯한 이 일들이 우리의 공동체 회복을 위한 일이고, 삶에 대한 소리이다. 사회적 경제를 먼 나라가 아니라 우리 농촌에서 찾고 이야기하면 어렵지 않게 다가갈 수 있다.

공동체로 본 도시 재생과 마을 기업

'도시 재생'에 대한 관심이 급증하고 있는 요즘, 그 모델 또한 농촌에서 찾을 수 있다.

지역의 경쟁력 강화를 위한 도시 재생, 지역 주민 주도의 지역공동체 중심의 지역 문제 해결, 더불어 소득 및 일자리 창출을 하고자 하는 마을 기업에 대한 논의가 매일같이 쏟아지고 있다. 도시의 모습이 변화되고 지역이 소멸되었지만 다시 다양한 지역의 주체들이 공동으로 지역을 살리는 것이 도시 재생과 마을 기업의 공통점이다. 또한 지역 주민들의 참여와 공감대 형성을 통해 더 많은 주민들을 협업하고 참여하도록 하는 것이 효과적인 비즈니스 방법이다.

도시 재생은 도시 중심의 공동체 형성과 비즈니스가 주목적이고, 마을 기업은 마을 중심의 공동체 형성과 비즈니스가 주목적이다. 주체가 조금 다른 공동의 목적을 가지고 있다.

일부의 도시 재생과 마을 기업은 주민들 간의 소통 부재, 주민과의 갈등 등으로 서로에게 상처만 남기기도 하는 사례들을 만들고 있다. 이러한 사례들이 무조건 나쁜 것만은 아니다. 도시 재생이든 마을 기업이든 사람이 중심이 되어 사람이 하는 일이다 보니 언제나 문제는 발생하고 의견에 대한 충돌이 생기기 마련이다. 이는 정상적인 모습이다.

도시 재생의 경우 재생이라 하여 신축 건물에만 중점을 맞출 것이 아니다. 지역의 역사와 오래된 건물을 활용하고, 마을 기업의 경우 마을의 작은 자원을 활용하여 비즈니스를 만들고 마을 자원 활용을 점차 확대하여 스토리가 있는 텔링을 만드는 것이 중요하다.

도시 재생이든 마을 기업이든 단기적으로 긍정적인 효과와 부정적인 모습만을 볼 것이 아니고 중장기적인 측면을 바라봐야 한다. 서로의 강점을 활용하며 더 많은 주민이 참여하여 서로 간 노력하고 투자하는 인내심이 필요하다. 또한 마을 기업이 점점 확대되고 반경이 넓어져 자연스럽게 도시 재생으로 이루어진다면 시간은 걸리겠지만 좀 더 많은 긍정적인 효과를 가지고 올 수 있지 않을까 생각해본다.

청년 농부가 클 수 있는 환경이
조성되고 있다

농사짓고 싶어도 지을 수 있는 환경인가. 먼저 따져보자.

현재 농촌의 고령화 현상이 날이 갈수록 심화되는 탓에 이제는 우려를 넘어 사회 문제로 대두되고 있다. 2000년 초반 이미 40%를 넘어선 대한민국 60세 이상 고령 농가는 이후 10년 만에 55.9%를 기록했고 2015년에는 62.2%로 더욱 늘어 초고령화가 진행되고 있다.

특히 농촌에서는 급속한 고령화로 농업 인력이 농가 인구의 1.1%에 불과하며 2025년에는 0.4%대로 떨어질 것으로 전망되어 농촌 붕괴가 코앞으로 다가왔음을 느낄 수 있다.

2017년 농촌경제연구원 농업전망자료는 현재와 같은 추세로 청년농이 감소한다면 2020년 청년 농가의 숫자는 전체 농가 대비 0.67%인 6889호, 2025년에는 전체 농가 대비 0.38%인 3725호로 축소될 것으로 예측했다.

농촌 붕괴를 막고 농업 인력 부족 문제를 해결하기 위해 청년 농업인을 확대시킨다면 농촌의 모습이 젊고 활력이 넘칠 뿐만 아니라 새로운 변화와 기술의 수용, 응용에서 기성세대를 앞서기 때문에 농업혁신에 주도적인 역할을 할 수 있다. 이런 점에서 정부 차원의 정착 확대 정책이 필요하다고 생각한다.

일본의 경우 45세 미만 청년 취농자에게 준비 기간(2년)과 독립 기간(5년) 총 7년 동안 급여 형태의 보조금이 지급된다. 일본은 농업 종사자의 심각한 고령화에 대비해 지속 가능한 농업을 실현한다는 목적으로 40세 미만 신규 유입자 유인책으로 지원제도를 도입하여 시행하고 있다.

청년 농업인들의 지속 가능한 정착을 위해서는 초기 정착 과정에 일정 기간 기본 생활 자금 등을 지원하는 정책이 필요한데, 2018년도부터 청년창업농 정착지원사업이 시행되어 많은 청년 농업인들에게 도움이 되고 있다.

문제는 토지 확보다. 과거처럼 농촌도 많이 성장하고 변화되어 농지 가격이 만만찮다. 농지가 확보되어야 최소한의 생계유지를 위한 수입 마련이 가능한데, 농지를 마련하는 데 많은 시간이 걸리다 보니 농업을 포기하는 일이 발생한다. 이를 막아야 한다. 농사 기술을 익히는 데는 많은 시간이 필요하다.

직불금이나 생활지원금에 대한 지원도 중요하지만 지방자치단체나 국가에서 농업을 희망하는 청년들에게 2~3년간 저렴한 금액으로 토지를 빌려주고 농사 기술을 가르치고 수입 창출을 위한 기회를 마련해준다면 청년 농부는 얼마든지 클 수 있다. 매년 정부의 지원과 대책이 청년 농부들에게 희망적으로 변화하고 있다. 정부가 청년 농부에게 투자하려는 움직임이 눈에 띄게 늘고 있다. 농촌에서 희망을 발견한 선배 청년 농부들이 정책 제안을 할 수 있는 기회도 많아지고 있다. 앞으로 2~3년 후면, 먼저 도전한 청년 농부들의 결실이 한국 사회를 놀라게 할 것이다.

나는 농사를 짓기로 했다

여름날 초록 들판과 가을날 황금 들판을 본 유치원생 꼬마 아이는 엄마에게 질문을 했다.

"어? 초록 쌀나무가 노란색 쌀나무가 됐네? 이제 열매 먹는 건가? 껍질 까서 먹나? 불에 구워 먹나? 엄마 저건 쌀나무야?"

"아, 저건 벼라고 하는 거야. 쌀이 나는 건 나무라고 하는 게 아니고."

유치원에 오다가다 보이는 들판은 늘 신기했다. 봄날이 되면 똥냄새(거름)가 풀풀하더니 어떤 날엔 물이 한가득 차기도 하고 또 어떤 날은 초록색 풀이 무성하게 심어져 있기도 하고 그러다 개구리 소리가 쉴 새 없이 날 즈음에는 아가였던 초록색 풀이 내 허리만큼 자라 있었다.

그리고 유치원 운동장에 플라타너스 나무가 갈색이 되어 온 운동장에 바스락바스락 날아다닐 때쯤이면 초록색 풀도 노란색 풀로 변해 있었다. 그땐 동네 아주머니들이 메뚜기를 잡는다고 이불을 옆구리에 돌돌 말고 한손에는 페트병을 들고 다녔다.

"오늘은 한 병 가득 잡았네."

"내는 오늘 반절밖에 못했다."

"푹 쪄서 참기름 둘러서 슬슬 볶아야겠다."

"오늘 반찬은 이거면 끝이네!"

아주머니들 모습을 보다 보면 어느새 노란색 풀은 어디로 가고 없이 횅한 들판이 되어 있었다. 횅한 들판 사이사이 볏짚이 쌓여 있는 걸 보고 있으면 머지않아 그 들판도 하얗게 눈으로 덮여 한해가 지나간다.

꽁꽁 얼음이 언 논에서 동네 친구들끼리 모여 스케이트를 탄답시고 씽씽쌩쌩 달리기 하고 텔레비전에서 본 스케이트판을 누군가 나무판자로 만들어 오는 날이면 서로 타보겠다고 가위바위보를 하고 스케이트판 주인인 친구에게 잘 보이기 위해 노력을 하며 놀았던 추억이 가득한 곳이 나의 농촌이고 나의 논이다.

쌀이 익어가는 쌀나무

"야, 이 스케이트 타보려면 나한테 잘해."

"한 번만 타게 해주라."

"그럼 나 열 번 밀어. 그럼 한 번 타게 해줄게."

농촌에서 자랐지만 농사에 대해서는 전혀 알지 못했다. 그저
나의 놀이터였던 논에서 쌀이 나는 건 나무인 줄 알았다. 그 어

린 날 던졌던 질문은 지금도 나를 놀릴 수 있는 유일한 재미거리
이다.

감성이 그렇게 풍부하지 않은 나는 학교에서 늘 배워온 '우리
나라는 사계절이 뚜렷하다'는 이론을 이론 그대로 알고 있었지,
마음으로 몸으로 느낀 적은 없었다. 그렇게 학교를 다니고 어른
이 되면서 농촌에서의 추억은 잊었고, 사는 것은 늘 바빴다.

농사를 짓고 농부가 되면서 얻은 가장 큰 행복과 대단한 일은
사계절을 온몸으로 느끼고 마음으로 볼 수 있게 된 것이었다. 산
을 볼 수 있는 눈이 생겼고 하늘을 바라볼 수 있는 여유가 생겼
고 자연의 향기를 코가 아니라 마음으로 느낄 수 있게 되었다.

나는 미녀농부

　농촌에서의 생활은 온 동네와 함께 사는 것 같다. 오늘은 장화를 벗고 호미도 내려놓았다. 외부 고등학교 선생님들께 농업 비전에 대한 강의를 하러 가는 날이기에 예쁜 옷을 골라 입고 내가 좋아하는 구두를 꺼내 신었다. 나에게 구두란 좋은 곳을 데려가는 좋은 물건이기도 하고 내가 유일하게 부릴 수 있는 저렴한 사치 중에 하나이기도 하다. 그리고 미녀농부의 포인트는 빼딱구두라는 거.

　할머니들이 쑥덕쑥덕 이야기하시는 소리가 들린다.
　"저 집 딸래미는 농사짓는다 카디만 빼딱구두 신고 어데 가대."

"저 봐라, 어제는 노란색 신었더만 오늘은 빨간색 신었데이."

"아이고 할마시들 남사 빨간색을 신던 시퍼런색을 신던 먼 말이 그키나 많나."

"에이그 부러워서 그카지."

"나도 왕년에 저 긴 부츠 신고 가죽 치마도 입구 그랬데이. 지금은 쭈구렁 할마시가 다 됐네."

"내도 옛날에 삐딱구두 마이 신었는데 그 우예 신고 댕기나 모르겠다."

"나 옛날에 우리 영감 처음 만나던 날 거 도나스 가게에서 나왔는데 계단에서 내리오다 구두가 삐끗해서 자빠져뿟다. 그래가 영감이 나를 엎고 데려다 주는 기라. 그래서 고마 결혼 해뿌따."

"그 구두가 니 발목 잡아뿠네."

"영감이 막 민 거 아니가? 니 좋아서."

"하하호호."

젊은 사람이 많이 없는 농촌에서 젊은 사람의 행동은 아주 크게 보여지기도 하고 느껴지기도 한다. 사실 노란 구두 신고 나간 지도 열흘 전이었는데 어른들에게 그 모습은 매일매일로 보였던 모양이다.

처음에는 주목되는 관심들이 너무 힘들어서 차에 구두를 숨겨 놓고 집에서 슬리퍼나 운동화를 신고 나간 적도 많이 있었다. 원피스에 슬리퍼나 운동화라니 이 얼마나 부조화스러운 패션인가. 부끄러움을 가득 안고 차에 얼른 올라탔다.

2019.07.05. 2019학년도 4차 산업과 함께하는 중소기업 이해를 위한 교직원 워크숍_강원도 영월에서 영서고등학교 교직원 대상으로 강의

그래서 차 안이 신발장처럼 이 신발 저 신발로 가득하기도 했다.

하지만 할머니들과 이야기를 나누어 보니 할머니들이 내 구두를 보고 젊은 시절 추억을 떠올리며 청춘의 이야기를 나누며 하루를 보내는 것도 한편으로 의미 있는 것 같았다. 이제는 신을 수 없는 그 구두에 대한 또 다른 아쉬운 마음이기도 하였다.

이제는 이해가 된다. 젊은 나에 대한 관심이기도 하고 또 다른 사랑의 표현 방식이기도 하다는 걸 알았기 때문이다. 때론 내가 할머니들의 또 다른 추억이 되기도 하는 것 같다.

근데 빼딱구두보다 할머니들의 겨울 털신이 더 예쁘고 좋다는 걸 할머니들은 모르시는 것 같다. 언제나 호시탐탐 내가 그 털신을 탐내고 있다는 사실도 모르고 계시겠지?

할머니들의 최대 관심사

오늘은 오랜만에 친구들이 상주에 와서 저녁을 먹으며 술 한 잔을 가볍게 걸쳤다. 시내 살고 있는 친구들과는 다르게 나는 면 단위 소재의 농촌 지역에 살고 있어 막차가 이른 시간에 있다. 보통은 술을 마시지 않은 친구가 데려다주거나 택시를 타고 집에 오는 편인데 오늘은 검정색 차를 가진 친구가 집에 데려다주었다. 집 앞에 내려 친구와 가볍게 인사를 하고 집으로 들어와 잠을 청한 후 새벽 시간에 일어났더니 동네 할머니들이 새벽부터 우리 집에 오셔서 거실이 시끌시끌하였다.

"딸내미 남자친구는 검정색 차라? 흰색 차라?"

"아, 그냥 친구들이라 할매."

"검정색 차 총각은 키가 크고 삐쩍 말라가 며르치 같더라마는."

"왜 요새 아들 며르치 같은 기 인기라."

"우리 손자도 좀 먹어가 통통하면 좋을 낀데 멀 안 먹드라마는."

"그래 요새 농사 지봤자 아들도 며느리도 손자도 집에서 안 먹는다캐가 줄 데도 없어."

"옛날에 우리는 고구마나 감자나 이런 거 먹고 시골에서 엄마가 기름 짜주면 그키 좋았는데."

"뭐 요새 안 먹는다카이 별수 있나."

동네 할머니들의 관심사는 오로지 나 자신인 거 같지만 사실 할머니들의 가족에 대한 생각과 관심이 가져오는 거울과도 같다.

할머니들은 어제도 그제도 나만 지켜보셨나 보다. 내가 내 차를 타고 들어오는지 친구 차를 타고 오는지 택시를 타고 오는지 말이다.

매일 나만 지켜보는 것 같아 때론 집 앞이 아닌 동네 입구에서 차를 내려 걸어오기도 하고 모자를 푹 눌러쓰고 후다닥 집 안으로 들어오기도 했다.

그리고 나는 항상 술을 마셔도 마치 술을 마시지 않은 것처럼 또박또박 걷는 습관이 되어 있다. 항상 나를 지켜보고 있다는 강박 관념까지 생겼으니 말이다.

언제나 행동 하나 말 하나 조심해야 하는 것 같아 처음에는 스트레스를 좀 받았다. 왜 이렇게 나에게 관심이 많은 것인지, 부모님도 하지 않는 잔소리를 들어야 하는 것인지 말이다.

서로를 이해하기 전까지는 이 모든 생활이 나에겐 힘겨운 일들이었다. 하지만 지금은 서로를 이해하고 생활을 알기에 별일이 아닌 그냥 일상의 한 부분으로 차지하게 되었다.

어르신들의 사랑과 관심으로 외롭고 힘들 뻔한 농촌 생활에 잘 적응하게 되었다. 처음에는 과한 관심 같았지만 이 모든 것이 나를 사랑하는 마음이고 애정이라는 것을 알고 난 뒤에는 감사하는 마음을 가지게 되었다. 이 모든 일이 그냥 동네 사는 아가씨가 아닌 할머니, 할아버지의 아주 가까운 손녀가 되고 동네 사람들, 만인의 미녀농부가 되어가는 한 과정이었다고 생각한다.

조금은 멀리서 또 조금은 아주 가까이에서 서로의 삶을 이해하고 도우며 살아가는 것이 농촌의 모습인 것 같다.

농사짓는 법을 잊어버린 소들

밭일하다 잠시 숨을 돌리며 밭 복판에 앉아 있으니 동네 할머니 두 분이 사과를 가지고 오셨다.

"이거 먹고 해래이. 니 허구한 날 밥도 안 먹고 일하다 쓰러져 뿐대."

"이봐라, 장갑도 안 찌고 하니께 아가씨 손이 이 모양이고로."

"머스마들이 손 모양 보고 다 도망가뿌겠다."

"할매, 나는 얼굴이 이쁘니까 멀해도 인기 많아요."

"하하하하."

"근데 할매, 나 어릴 때 우리 할매집 뒤에 소 한 마리 키우는 할배 계셨는데 그 할배는 맨날 새벽에 소 데리고 나가고 저녁 되

면 소 데리고 들어오고 또 집에 묶어놓고 그랬는데 그 소는 풀
먹으러 간 거예요?"

"풀은 무슨 가도 지 밥벌이하러 간기라 그 할배 소 데불꼬 밭
갈고 온기지."

"맞제. 옛날에는 다 집집마다 소 한두 마리씩 있어가 소한테
쟁기 업어 밭 갈고 그랬제."

"근데 요새 소들은 비싸가 일 못해뿐데이."

"그래, 우리 영감 살아계실 적에 소는 귀하게 있고 내가 쟁기 매
고 밭 갈고 그랬자네. 우리 영감은 뒤에서 이래라 저래라 하고."

"그 노무 영감탱이도 참."

"부에 나뿌가 소 팔아치아뿌데이."

"할매 진짜요? 그 무거운 쟁기를 할매가 메고 했다고?"

"옛날에는 다 그랬다. 요새야 트랙터고 뭐고 있지, 옛날에 그
런 게 어딨나."

하기사 요즘 소들은 일을 할 줄 모른다. 처음 농사를 짓기 시
작했을 때도 삽 하나로 밭을 갈고 있는 내 모습을 본 할머니께서
옛날 쟁기 메고 할아버지는 잔소리만 하셨다며 싸움 아닌 싸움
이 난 것을 본 적이 있었다. 할아버지께서는 머쓱해하시며 그런

적 없다고 손사래 치시고 할머니는 그래서 골병들었다 하셨던 이야기가 오랜만에 생각이 났다.

보통 여자들이 남자들보다 평균 수명이 7년 이상 많다고 한다. 그래서인지 동네에는 할머니들 혼자 계시는 경우가 많다. 그리고 많은 농사일을 어머니들께서 하시는 경우가 많이 있다.

그러다 보니 가족이 함께 농사짓는 경우도 많이 있다. 그래서 할머니와 할아버지의 웃기기도 하지만 슬프기도 한 이야기보따리가 펼쳐질 때가 있다.

그 속에는 가족과의 추억도 담겨 있고 삶 그리고 성장의 이야기들이 남아 있다.

할머니들과 이야기하고 있다 보면 농촌 생활의 많은 변화를 느낄 수가 있다. 농사에 사용하는 도구들도 많이 변화되었고 농기계도 새로운 것들이 많이 생겨나고 짓는 방법 또한 아주 다양해져 있음을 늘 느끼게 된다. 나 또한 기술도 정보도 없어 무턱대고 호미 하나 삽 하나로 농사를 시작했으나, 불과 몇 년 사이 농기계 기술도 익혀 사용 가능한 농기계는 곧잘 활용하기도 하니 말이다.

노래하는 소, 동네 오빠네 축사에 놀러갔더니 라디오에서 나오는 노래 소리에 소가 반응하기에 요즘 유행하는 블루투스 마이크를 줬다. 살짝 웃고 있는 저 미소 보이는가

 불과 몇 년만을 겪은 나도 이렇게 농사 기술이 변화되었는데 수십 년 농사 지어오신 할머니들은 얼마나 큰 변화를 겪고 있었을까 생각을 해보는 하루이다.

바람 이불

주변 거름 냄새가 코를 찌르는 봄날, 호미 하나 들고 쪼그리고 앉아 호박 모종을 이틀째 심고 있다. 이틀 뒤 비가 온다고 하니 내일까지는 다 심어야 한다. 쉴 새 없이 밥도 거르고 각목으로 구멍을 통통 뚫고 모종을 심고 흙을 살살 덮으며 물을 졸졸 주며 한 골 한 골 지나다 보면 어느새 아가 모종들이 줄줄이 줄을 서 있다.

'아 이렇게 뿌듯할 데가….'

쪼그리고 앉아 오리걸음으로 자리를 옮기다 보니 온몸이 다 쑤셔 허리를 쭉 펴고 일어나본다.

'두두둑.'

"아이코 허리야."

몸도 쉴 틈을 줄 겸 밭고랑 아래 엉덩이를 깔고 퍼질러 앉았다. 땀이 가득한 장화도 벗고 양말도 벗고 맨발로 발을 꼼지락 꼼지락거리고 있을 그때 찾아온 반가운 자연의 내 친구.

시원한 바람이 몽글몽글 솜이불처럼 내 몸을 감싸고 하늘의 뭉게구름을 친구 삼아 잠시 휴식을 취해본다.

폭신폭신 몽글몽글 말로 표현하기 어려운 그 구름 이불이 내 몸을 감쌀 때면 힘든 농사일도 그저 재미있는 놀이로 느껴진다. 자연과 함께가 아니면 절대 느낄 수 없는 그 소중함들.

"앗, 자연과 노는 사이 일이 밀렸네. 어서 일하자!"

봄날 민들레 홀씨 불며 어린 시절로 돌아가고 싶던 날

자연과 놀고 있노라면 때론 나도 모르게 시간을 잊기도 한다. 하지만 지금이 아니면 느낄 수 없는 그 자연 친구들, 오늘도 반가웠노라.

논두렁에 빠진 날

밭에 가지고 갈 농기구들을 가득 실은 포터를 타고 씽씽쌩쌩 논두렁을 달려본다. 재밌게 기어 변속도 해가며 오르막길이 나오면 혹여나 시동이 꺼지지 않을까, 또는 뒤로 가지 않을까, 고민과 걱정을 동시에 하며 오늘도 밭으로 출근.

농기구를 내려놓고 밭 주변 정리를 하고 예쁘게 자라고 있는 모종들에게 물도 주고 잎 순도 쳐주며 일상의 안부를 전한다.

"아가들아 잘 있었니? 어제 부는 바람에 힘들지 않았니? 잘 견뎌주었구나."

이야기가 반가웠는지 모종들도 한 잎 두 잎 나를 향해 살랑거

려준다.

종일 모종들과 하루를 보내고 집으로 돌아가는 길, 해가 넘어가 어둑어둑해진 논두렁길을 포터 타며 씽씽쌩쌩 달려본다.

"으아아아악."

이런! 아가 고라니를 논두렁에서 우연히 만나 그 아이를 피하다 보니 한쪽 바퀴가 논두렁에 빠지고 말았다. '윙윙윙' 힘을 내면 낼수록 바퀴는 더 빠져들고 만다.

"아저씨, 저 포터가 논두렁에 빠졌어요. 어떻게 해요?"

"어딘데?"

동네 아저씨가 트랙터를 끌고 와주셨다. 이상한 바 같은 걸 연결하더니 포터에 올라가 손짓을 보내면 핸들을 틀라고 하셨다.

'부아아앙~.'

트랙터 힘에 이끌려 차가 다행히 길로 올라왔다.

"논두렁에서는 항시 조심해라."

"네. 감사합니다."

동물 친구들을 살린 것도 다행이고, 포터가 살짝만 빠진 것은 '천만다행'이라고 가슴을 쓸어내렸다. 하마터면 포터가 뒤집어져 대형 사고로 이어질 뻔한 아찔한 순간이기도 했다.

한밤에 길에서 만난 토끼. 한참을 저렇게 앉아 있어 토끼가 지나갈 때
까지 귀가하지 못하고 기다려야 했다

농촌에서 농사짓는 일은 큰 어려움 없이 단조로운 일상이 될
것이라 쉽게 생각하겠지만, 도시에서는 경험하기 어려운 위험천
만한 일들이 많다. 언제나 조심하고자 주의를 기울이지만 나의
의지와는 상관없는 사건 사고들이 의외로 생기는 것이 농촌 생
활의 일상이기도 하다.

농촌에 살다 보면 심심찮게 동물 친구들을 만날 수 있다. 가끔
산에서 내려와 마당을 배회하고 가는 멧돼지 가족들도 있고 길

이나 들판에는 고라니 가족들도 있다. 이 동물 친구들이 안전하게 살아갈 수 있도록 늘 운전을 조심해야겠다.

　나는 이번 사고로 이웃 어른들의 도움을 받을 수 있었다. 무의식 속에 가족 같은 친밀감을 형성하는 이곳, 그래서 농촌 생활은 공동체 생활이라고 하는 게 아닌가 싶다. 서로가 서로를 도우며 살아가는 작은 생활의 모습들을 우리는 알고 있기 때문에. 서로 특별한 말은 하지 않지만 말이다.
　오늘도 이웃의 소중함을 한껏 느낀 소중한 하루였다.

진순이를 찾아서

"진순이 어데 갔나."

"그노무 지지배 허구한 날 집을 나가뿌고."

"찾아봐야 안하나."

"어이구 속 다 뒤집어뿐다."

"그 좀 꽉 잡아 묶어라."

"꽉 잡아 묶어도 머리가 비상해서 자꾸 나가뿐다 아니나."

"바람이 났나. 어데 그렇게 가나."

"지지배 들어오기만 해봐라, 다시는 못 나가게 해뿐다."

아침부터 동네 할머니들이 심각하다. 진순이가 없어졌단다.

처음에는 진순이가 누구네 집 아이인 줄 알고 엄청 놀랐었다. 알고 보니 진순이는 사람이 아니고 할머니네 개 이름이었다.

동네에 보면 할머니들마다 키우는 개 이름이 재밌다.

진순, 미자, 누렁이, 흰둥이, 나비, 말자, 백구 등등 가끔 사람 이름인가 할 정도로 헷갈리는 이름들이 많다.

요즘 자주 집 밖을 배회하는 진순이를 찾아본다.

오토바이를 타고 할머니께서 저 멀리 올라가 진순이를 찾아본다.

"진순아~~~~~."

저 산 아래로 진순이가 귀를 팔락팔락거리며 온몸에 도깨비 가시를 잔뜩 붙이고는 해맑은 표정으로 '나 찾았어?' 하는 듯이 쳐다본다.

"이노무 지지배 얼른 집으로 안 오나!"

할머니의 불호령이 온 동네를 집어삼킬 듯하지만 진순이가 안 보이는 동안 할머니께서 걱정을 많이 하셨다.

진순이는 중형견에 짙은 갈색 털을 가지고 있다. 사실 처음 길목에서 진순이를 만났을 때 겁이 나서 뒷걸음질했다.

자세히 보니 목줄을 하고 있어 주인이 있는 개는 맞는 것 같았는데, 중형견이다 보니 겁이 좀 생겼다. 진순이를 살짝 피해 살금살금 올라갔었던 그런 날도 있었다.

하지만 생각보다 진순이는 아주 순둥이였다. 사람들이 있으면 옆으로 비켜나기도 하고 위협적이지 않게 뒤에서 살금살금 따라가기도 하며 차를 잘 비켜서기도 한다.

누구나 진순이를 알기 전에는 진순이를 보고 뒷걸음질하지만 진순이를 알고 나면 활짝 웃어준다. 그리고 진순이의 미소를 보면 다들 깜짝 놀란다. 미소천사 진순이.

우리 직원들도 매일 걸어 올라오면서 진순이를 만나면 반갑게 인사를 한다.

"대표님, 오늘 진순이 봤는데 웃어요."

"진순이 잘 웃지."

또 어떤 날은 진순이가 안 보이면 걱정스레 이야기한다.

"오늘은 진순이 안 보이던데 출근하시면서 못 보셨어요?"

"나도 오늘 못 봤는데."

"어디 아픈가?"

이렇게 온 동네가 진순이를 걱정하고 생각한다. 진순이로 인

해 단절될 대화도 시작이 되고 간혹 생기는 에피소드들이 재미
있다.

"진순이 이노무 지지배 자꾸 집 나가뿌면 못 들어오게 해뿐
다. 어이, 그렇게 돌아다니다가 개장수한테 잡히가면 어짤 건
데, 그키 돌아댕기뿌다 도랑에 빠지면 어짤 건데. 지발 나가지
마라."
  고개 숙인 진순이는 할머니 걱정과 잔소리에 살며시 고개를
돌린다.

어쩌다 마주한 진순이(갈색)와 김 할아버지댁 강새이(흰색)

김 할아버지 댁 강새이와 똑 닮은 이웃집 개들

"○○이네 엄마, △△이네 개 새끼 낳은 거 봤나?"

"그래 그 김 영감님네 개랑 똑같이 생겼대."

"저 앞집에 개도 똑같이 생겼고 참 희한하네."

마침 나오신 김 영감님을 보고 다들 한마디씩 하신다.

"김 영감님 그 개 좀 잘 묶어놓우소."

"왜 우리 강새이는 꼭꼭 묶어서 밖에 몬 나간다."

"△△이네 개랑 앞집 개랑 뒷집 개랑 영감님네 개랑 똑 닮았다 아니요."

"에이 우리 강새이가 그른 거 아니다."

김 할아버지만 모르시는 사실이 있다. 할아버지 댁 개는 매일

할아버지 몰래 밤마실을 다니며 밀회를 즐긴다는 걸. 매일 밤마다 나갔다 동트기 전 들어와 마치 아무 일 없었다는 듯 자기 집 앞에 앉아서 할아버지께 애교 부리며 앉아 있다는 그 사실을 말이다.

　간혹 할머니들께서 동물들에게 하는 이야기를 듣고 있노라면 왠지 사람에게 하는 이야기인 듯 착각을 할 정도로 재미난 대화들이 많이 있다. 이런 대화가 익숙해지는 농촌 생활, 어느덧 나도 모르게 완전히 적응되었나 싶다.

장화 잃은 농부

우리 동네는 2일과 7일마다 5일장이 열린다.

밭 장화가 찢어져 물이 들어오기에 장화를 새로 사기로 했다.

장에 가면 골목에 오래된 신발 가게들이 몇 개 모여 있다. 제일 커 보이는 가게에 가서 장화를 골라보았다. 흔하지 않은 장화를 사고 싶어 여기저기 구석구석 보니.

'찾았다. 저거다.'

진한 남색에 무릎까지 오는 어느 외국 브랜드의 레인부츠 느낌이 난다. 일할 때 신는 장화 같지 않은, 그 느낌적인 느낌의 장화.

딱 마음에 들었다. 가장 중요한건 무릎까지 오는 긴 장화라는 거.

오! 장화 가격도 오천 원이다. 딱 좋다.

새 장화를 신고 바로 밭으로 갔다. 아직 조금 불편하기는 하지만 흙도 잘 안 들어가고 너무 좋다. 일을 더 잘할 수 있을 것 같다.

'일의 완성은 장비라고 했던가.' 폴짝폴짝 일이 즐겁다.

집에 와서 장화를 씻어 거꾸로 말려놓아 두고 동네 마을 회관엘 다녀왔다.

동네 어른들께 스마트폰 활용을 가르쳐 주는 날이기 때문이다.

어른들께 간단하게 스마트폰 사용법을 알려주고 폴짝폴짝 집으로 들어서는데 장화가 보이질 않는다.

"엄마, 마당에 내 장화 치웠어?"

"아니, 아까 거기 있는 거 봤는데 덜 말랐기에 그냥 뒀지."

"없어졌는데…."

아, 이렇게 새 장화를 하루 만에 잃어버렸다. 아마도 누군가 탐이 나서 가져간 걸까? 아, 밭일에 중요한 아이템 하나를 잃었다. 속상하다. 다음 장날까지 기다렸다가 새 장화를 다시 사야겠다. 똑같은 장화가 있기를 기도해보며.

장화를 잃은 농부는 게임에서 신발 아이템을 잃은 것과 같은 느낌이랄까.

오늘 밤은 속상해서 잠이 오지 않을 것 같다. 내일 아침에 내 장화가 기적처럼 마당에 다시 있으면 참 좋겠다.

장화 잃어버린 후 새로 산 체크무늬 장화

밭에서 할머니들의 장화를 보고 있노라면 각각의 취향들을 알 수가 있다. 꽃장화, 체크장화, 빨간 장화, 노란 장화 등등 밭 장화라고 하여 그냥 아무 장화나 신는 게 아니라 각자의 농사 패션들이 있다. 기능이 있는 햇빛 가림 모자에도 무늬와 색이 다르고 장갑도 그때 패션에 맞도록 하는 편이다.

아, 그리고 가장 농사 패션에 중요한 몸뻬 바지는 한번 입으면 그 느낌을 잊을 수 없어 빼놓을 수 없는 필수 아이템이다.

이 몸뻬는 외국에서 아주 핫한 아이템이라고 한다. 장화 살 때 몸뻬도 하나 사야지. 농사 패션도 핫한 미녀농부! 장비빨 미녀농부!

콩이 몇 킬로그램?
몇 되? 몇 대?

"정원아 콩 열 되 좀 팔아줘."

"네? 콩 열 개요?"

"아니 열 되."

열 자루를 이야기하시는 건가? 10킬로그램을 이야기하시는 건가? 아, 맞다 학교 다닐 때 배운 그 네모난 나무 상자 같은 걸로 무게를 재는 그 되.

아주 예전에 교과서에서 사진으로 보았던 기억이 났다. 그리고 사용할 일이 없어 잊고 있었던 그 되.

농촌에서는 아직도 나무 상자 같은 그것으로 몇 되 몇 되 단위를 많이 사용한다.

하지만 그 되의 양도 지역마다 달라 오해가 생길 수 있기에 조심해야 한다.

우리 동네 1되는 1.6kg이다.

농촌에서 생활하다 보면 본의 아니게 언어의 장벽이 생길 때가 있다.

특히 요즘은 단어를 줄여서 쓰거나 유행하는 말을 쓰다 보니 옛 단어를 잊게 되기 때문이다.

농기구의 용어들도 익숙한 용어들이 아니기 때문에 어디에 쓰는 어떤 기구인지 헷갈릴 때가 많다.

흔히들 "할 거 없으면 농촌에 가서 농사나 짓지."라는 말을 많이 하곤 한다. 나는 개인적으로 그 말을 아주 싫어하는 편이다.

농사도 공부를 아주 많이 해야 되고 배워야 할 것이 많기 때문이다. 그냥 쉽게 모종 심는다고 농작물이 쑥쑥 자라는 것은 절대 아니다.

흙의 상태도 알아야 하고 심는 시기부터 순을 치는 방법과 물을 줘야 하는 양 등을 충분히 알아도 실패하는 일이 생기기 때문에 주기적으로 교육을 받고 공부를 한다.

그리고 자연과 함께 더불어 해야 하기에 농사의 일부분은 신의 영역이기도 하다. 세상에 그 어떤 일도 쉬운 일은 없지만 농사는 더더욱 쉽지 않은 것 같다. 생각하지 못한 또는 대비하지 못한 여러 가지 변수를 감안해야 되고 때론 신보다 더 먼저 앞날을 바라보아야 할 때도 많이 있기 때문이다.

오늘도 신께 부탁한다.

"농사 잘될 수 있도록 도와주세요! 우리 모두 건강하게 살아갈 수 있도록 도와주세요~."

동네 어르신께 옛날이야기를 들으며 한바탕 웃어봅니다

잡초도 할 일이 있어요

"니 농사짓는다면서 풀도 안 뽑고 뭐 하나."

"풀 꼭 뽑아야 돼요?"

"저 지저분하게, 그케 게을러서 농사짓겠나."

지나가는 동네 어른마다 풀이 무성한 밭을 보고 한마디씩 하고 가신다.

아직 초보 농부라 잘 모르겠지만 밭에 있는 풀들도 왠지 어떤 자기 역할이 있을 것 같아서 함부로 뽑아내기가 걱정스럽다. 미생물 작용을 할 수도 있을 것 같고 흙에 어떤 좋은 성분을 줄 수도 있을 것 같아 함부로 뽑지 못하겠다.

"할머니, 잡초도 할 일이 있을 것 같아요."

"야가 무슨 개풀 뜯는 소리 하나."

"니 내주 호박 찾도 못한다."

"알겠어요."

'꽃으로라도 때리지 말라'는 말처럼 '잡초도 함부로 뽑지 말라'가 자꾸 맴돈다.

하지만 길가 옆에 있는 땅이라 풀이 무성한 밭을 보며 어른들이 매일 한소리 두소리씩 하고 가신다. 최대한 눈을 피하고 할머니들을 피해 다녀본다.

난 게으른 편도 아니고 지저분한 편은 더더욱 아니지만 아무래도 풀이 자라는 대로 다 뽑으면 땅에 별로 좋지 못할 것 같아 풀을 모르는 척해본다.

아, 물론 키가 너무 커서 내 호박을 찾을 수 없게 만드는 풀은 살짝씩 뽑아준다.

매일매일 듣는 어르신들의 잔소리를 요리조리 피해 다니는 것도 힘든 일이긴 하지만 그래도 매일매일 잘 피해가 본다.

하늘의 뜻이었던 걸까? 게으른 농부의 마음을 안 걸까? 선무

돌 틈 사이로 예쁘게 피어난 꽃들, 그리고 그 옆에 틈틈이 숨어 있는 잡초들

당이 사람 잡은 걸까?

그해 가뭄이 극심해 농작물 피해가 컸지만 내 밭에는 무성한 풀들로 인해 늘 이슬 맺혀 땅이 마르지 않아 농사가 잘 되었다.

늘 행동이 빠른 편이었는데 그때는 왜인지 모르겠지만 느릿느릿했던 행동이 한해 농사를 도왔다.

여기서 또 다른 함정은 수확하는 호박 반 풀 반이어서 풀길을 헤치고 헤쳐 수확을 해야 했다는 것이지만.

"정글 숲을 지나서 가자, 엉금엉금 기어서 가자, 풀 늪이 나타나면 호박을 구하라~ 구하라."

그리고 시간이 지나서 알게 되었지만 어떤 박사님께서 풀도 땅에선 미생물 작용에 필요한 부분들이 있기 때문에 무조건 뽑는 게 좋은 건 아니라는 사실과 풀이 아래에 있으면 아래에 있어야 할 벌레들이 위로 올라오지 않는다는 사실을 말씀해주셨다. 풀도 없이 깨끗하면 아래에 있어야 할 벌레들이 위로 올라와 그 벌레를 잡기 위해 더 많은 어려움을 겪는다는 것이다.

낮에 하는 불꽃놀이

뜨거운 여름 새벽부터 일어나 발바닥에 불이 나도록 순찰을 돌고 또 돈다.

자전거를 너무 많이 타 엉덩이 한쪽이 뾰족해진 것 같다. (농촌 생활에 필수품인 오토바이를 타지 못하는 대신 튼튼한 두 다리로 자전거 페달을 밟아본다.)

아, 이런! 오늘 새벽에 늦잠을 자서 비둘기에게 콩 하나를 빼앗겨버렸다. 새벽부터 저녁까지 콩을 지키기 위해 밭을 뛰어다니고 비둘기들과의 전쟁에서 이기기 위해 폭죽을 쏘아보지만 날이 갈수록 똑똑해진 비둘기는 도망가는 척 고개를 돌려 뒷걸음치다 다시 고개를 돌려 콩을 쪼아 먹으려 한다. 하지만 내가 비둘기보다 조금 더 똑똑한 덕에 나를 놀리려 한다는 걸 알고 숨어 있다 비둘기 녀석을 쫓아내본다.

늦잠 탓에 오늘 콩 하나를 잃었지만 똑똑함 덕에 콩 하나를 지켰다.

"비둘기 요 녀석 저리가~."

(뒷걸음 살금살금) "아이쿠 무서워라."

"내 콩 먹지 마라. 혼난다."

"도망가자."

(뒤돌아서는 나를 곁눈질하며 쳐다보다 재빠르게 콩을 찾는 비둘기)

"이 녀석, 내가 속을 줄 알았지. 저리 가라."

"앗 들켰네. 어서 날아가자."

"정원이 못 이기겠네, 옆에 밭으로 가자 하하하."

아, 비둘기를 보고 있노라면 호빵맨에 나오는 세균맨 같은 느낌이다.

가끔 화가 치밀어 올라 비둘기 꿀밤을 한 열 대쯤 때리고 싶다.

세상에나 내가 비둘기랑 싸우게 될 줄은 꿈에도 상상하지 못한 일이다.

콩은 한여름에 심는다. 여름에 농사짓다 보니 새를 쫓는 일들이 가장 큰 일이기도 하다. 콩 싹이 올라오기 전에 어찌 알았는지 흙 속에 있는 콩알을 새들이 쏙쏙 뽑아 먹기 때문이다.

보통 다른 작물들은 올라오고 난 뒤에 걱정하며 새, 벌레 등을 쫓아야 하지만 콩은 조금 다른 편이다.

싹이 올라오기 전 새와의 전쟁은 정말 2차 세계대전 저리가라 할 정도로 정신이 없다.

쉴 새 없이 순찰을 돌아야 하고 달려가 쫓아내기도 하고 때론 폭죽을 사용하기도 한다.

요즘 새들은 똑똑해져서 돌아가는 척하고 사람들이 지나가는 걸 지켜보다가 다시 밭으로 와 콩을 쪼아 먹는다. 허수아비에게는 속지도 않는다.

그러다 보니 나는 더 빨리 더 영특하게 움직여야 한다. 새보다 한발 빨라야 하고 더 멀리 생각하고 바라보아야 한다.

그래야 한해 농사를 잘 지켜내고 잘 지을 수 있다.

망치는 살아 있다

얼마 전 지주대를 박았다.

'쾅쾅.'

고추와 지주대를 묶어주고 또 옆에 지주대를 박았다.

그렇게 쉴 새 없이 고추가 넘어가지 않도록 지주대로 고정을
해주었다.

올해 고추 농사가 잘 되기를 고추들에게 부탁하며 말이다.

하지만 갑자기 일이 하기 싫었던 것인지 딴생각을 한 건지 지
주대와 함께 내 손도 '쾅' 박을 뻔했다.

다행히 손을 맞지는 않고 비껴가 위험천만한 순간은 피했지

만 순간 망치를 바라보며 소리 질렀다.

"아, 내 망치."

손을 걱정해야 하는데 내 손보다 망치 걱정이 앞섰다.

혹여나 망치가 망가지거나 머리가 빠지지는 않았을까 걱정이 돼서 말이다.

그리고는 지주대가 휘지는 않았을까 살펴보았다.

"휴, 다행이네. 다 지켰어! 하하."

이전에도 길을 가다 꽈당 넘어졌음에도 길이 괜찮은지 걱정을 먼저 하기도 했다. 나의 튼튼한 팔다리는 언제나 안전하니 소중한 농기구와 땅을 걱정해보아야지.

가끔 이런 엉뚱한 생각들도 삶에 있어 윤택함을 주기도 하고 혼자 그저 웃게 만들기도 하는 재밌는 일들이다.

사실 농사를 짓다 보면 농기구로 인해 다치는 일들이 많이 있어 늘 조심해야 한다. 근데 일하다 보면 언제나 조심보다는 일에 대한 행동이 앞서기 마련이다. 특히 호미나 낫을 사용할 때는 대형 사고로 이어질 수 있기 때문에 조심하고 또 조심해야 한다.

작은 농기구라도 늘 안전에 주의해야 한다. 날카롭고 뾰족하기 때문이다. 그래서 운동할 때 사용하는 무릎 보호대라든가 용접할 때 사용하는 고글처럼 농사지을 때 필요한 안전 장비가 나오면 좋겠다는 생각을 한다. 때론 거추장스럽고 불편하지만 안전하게 농사짓기 위해서는 꼭 필요한 장비가 아닐까 생각해본다. 오늘도 안전한 농사일을 위해서 불편해도 안전하게 보호 장비를 갖추고 일을 해야겠다.

강남역 2번 출구,
800킬로그램 소 직거래

나는 참 무뚝뚝하고 재미가 없는 사람이다.

예를 들자면 개그 프로를 무표정으로 보는 그런 사람이다.

그런 내가 농사지으면서 웃음이 많아지고 가끔 빵 터지는 개그를 하는 큰 변화가 생겼다는 웃지 못할 사실이….

동네 오빠랑 소 이야기를 하게 되었다.

"소는 우시장에서만 살 수 있는 거야?"

"그렇지, 근데 소를 직거래하면 진짜 부자야."

"뭐? 소를 직거래한다고?"

(한참 배 잡고 웃었다. 좀 미친 사람처럼 혼자 웃었다.)

"그게 뭐가 웃겨 그렇게 웃는데?"

"와, 순간 직거래에 빵 터져서… 중고나라에 물건 올리면서 〈강남역 2번 출구에서 직거래〉 이렇게 표기하잖아. 근데 소를 직거래하면 강남역 2번 출구에서 800키로 소 직거래 가능. 트럭이 없어 직접 몰고 감. 5분 이상 대기 불가. 막 대기하다가 소가 똥 싸고 그러면 완전 대박."

물론 소를 직거래할 수는 없다. 그리고 더더욱이 소를 몰고 시내 한복판을 갈 수는 없다. 소를 몰고 길을 간다는 건 농촌에서 쉽게 볼 수 없는 일이다. 요즘 소들은 차를 타고 이동을 한다.

중고나라 직거래 글이 갑자기 떠올라서 나도 모르게 엉뚱한 상상을 해보았다.

농촌 모습을 그대로 반영한 도시 모습이란….

이게 글로 표현해서 웃기지 않은 듯하지만 상상해보라. 강남역에 소를 몰고 가는 모습을.

난 농사지으면서 가끔 이런 엉뚱한 상상에 빵빵 터지곤 한다. 어쩜 아주 밝고 경쾌한 사람이 되었다는 긍정적인 모습이기도 하여 나는 농촌 삶이 참 즐겁다.

도시에 있었다면, 또 농사를 몰랐다면 쉽게 상상할 수 없는 일들이 있어 매일매일 즐겁다.

한 가지 쉽게 볼 수 없는 일을 이야기하자면 요즘 돼지들은 엘리베이터를 타고 위아래로 이동을 한다. 농장들이 보통 4층으로 나누어져 있어 대형 엘리베이터를 타고 위아래를 오르락내리락 한다. 정말 신기하지 않은가?

처음 돼지가 엘리베이터를 탄다는 사실을 알고는 눈을 돌리며 얼마나 상상을 했는지 모른다.

그렇다면 소도 엘리베이터를 타는가? 그건 아니다. 우사는 단층으로 된 곳만 보았고 소는 무게가 많이 나가기 때문에 엘리베이터에 다 탈 수가 없다. 그리하여 소는 엘리베이터를 타지 않는다. 뭐 언젠가 소도 엘리베이터를 타는 날이 올 수도 있겠지. 아니면 내가 알지 못하는 어느 곳에 엘리베이터를 타는 소가 있을 수도 있을 테고 말이다.

사람의 농촌 모습만 변한 게 아니라 가축들의 농촌 생활도 많이 변화했음을 알 수가 있다.

누가 내 밭에 돌을 놓았나

해마다 씨앗을 뿌리기 전 밭 정비 작업부터 먼저 한다.

겨울 동안 얼었던 밭을 반복해서 갈아엎고 또 일부러 네잎클로버 씨를 뿌려 몇 년간 휴경 상태로 두고 땅을 자연의 상태로 살린 뒤 그해 농사 준비를 한다.

해마다 거르지 않고 하는 밭 정비 일.

해마다 의문인 건 밭에서 끊임없이 나오는 돌.

누군가 내 밭에 돌 뿌리고 가는가? 싶을 정도로 해마다 돌들이 많이 나온다. 흙에서 돌이 자라는 건가? 의문투성이인 이 돌들을 올해도 하나하나 골라내며 제발 내년엔 없어라 없어라 기도해본다.

밭을 정리하면서 돌을 골라냄에도 불구하고 끊임없이 나오는 돌이 참 신기할 따름이다. 돌을 그냥 두어도 되지만 위험한 상황들도 있고 때론 뿌리가 뻗어 나가지 못하는 경우가 있어 웬만하면 골라내기는 하지만 역시나 귀찮은 일이다.

하지만 할머니들은 돌을 기가 막히게 빠르게 잘 골라내신다. 나는 호미질하다 걸려야 찾아내는 돌을 말이다. 아직도 돌 찾는 기술이 부족한가 보다.

그런데 말이다. 도대체 이 돌들은 씨앗도 없이 어떻게 자라나는 걸까? 돌이 알을 낳는 걸까? 참 신기하리만큼 매년 자라고 또 자란다. 돌들에게 물어보고 싶다.

"도대체 매년 어떻게 자라나는 거니? 영원히 계속 이 밭에서 자랄 거니?"

가끔 엉뚱하게 생각해본다. 철을 골라낼 때 쓰는 대형 자석이 있듯이 돌을 골라내는 어떤 기구가 있으면 참 좋지 않을까 생각해본다.

올해도 돌은 풍년이다. 돌만큼이나 농산물도 풍년이 되면 좋겠다. 돌 풍년일 때 농산물도 같이 풍년이 된다면 기꺼이 해마다 돌 풍년을 맞이하리라.

돌동가를 부르며 이웃집 할머니 댁에서 잠시 쉰다

　　돌돌~ 무슨 돌~ 쟁반 같이 둥근 돌. 어디어디에서 왔나! 내 밭
에서 왔지.

　　돌 돌 무슨 돌? 흙과 같이 큰 돌.

　　어디어디 있나. 우리 밭에 있었지.

　　노동가처럼 돌동가를 한번 불러본다.

동네의 자랑거리,
TV 출연

　어느 날 어르신들이 많이 보는 금요일 프로그램에 출연하게 되었다. 동네에 예쁜 돌담길을 배경으로 촬영하기도 했고 드론으로 동네 전체 배경을 찍기도 했다.

　드론으로 동네 촬영하는 모습을 보고는 어르신들이 아주 신기해하셨다.

　"저 쪼매난 게 사진을 찍는다고?"

　"아니 사진이 아니고, 테레비 나오게 찍는 거라자나."

　"저 쪼마난 게 멀 찍겠나. 아들 장난감 같은 게."

　"요새 아들 다 저런 걸로 뭐 찍고 하대. 기다려봐. 나오겠지."

드론을 처음 보는 어르신들은 신기한 모양인지 한참 토론을 펼치셨다.

그리고 그 주 금요일 방송을 보시고는 집으로 다 찾아오셨다.

"아이고 억시 이쁘게 나왔데."

"그 뭐 가 있자나. 연예인 가, 가, 가보다 이쁘다."

"말을 그키 잘하나. 아나운서 해야겠다."

그리고 동네에서 보시는 분마다

"정원이 나온 거 봤나?"

"니도 봤나?"

"내 시내에 친구들한테 우리 동네 아가씨 나왔다고 막 자랑했데이."

"○ ○이 엄마가 손주며느리 삼고 싶다 하드라."

"□ □네 어마이도 며느리 삼고 싶다 하든데."

이런 이야기들이 한동안 어르신들 사이에서 웃음꽃을 피운다.

방송 출연은 나를 위한 홍보보다는 동네 어르신들의 치유를 위한 목적이기도 하다. 아는 사람이 티비에 나온다는 건 동네 어르신들에겐 한참 동안 자랑거리이기도 하고 동네 전체 이야기

TV에 나온 장면을 할머니께서 찍어 보내주셨다

주제이기도 하기 때문이다. 잠깐의 방송 출연으로 인해 한동안 어르신들의 엔돌핀을 돌게 한다는 것. 그것이 출연의 목적이기도 하다.

처음 방송 출연을 하던 날, 별로 떨지 않고 그냥 술술 이야기했다. 물론 지금도 특별히 떨지는 않는다. 내가 NG를 내서 촬영팀의 시간이 지체될 때 미안한 마음에 간혹 혀가 꼬이는 일을 제외하고는 무난하게 방송을 하는 편이다. 이런 촬영 모습에 동네 어르신들 칭찬이 끊이질 않는다. 아무래도 술술 이야기하는 내가 신기한가 보다.

그래서 어르신들과 함께 촬영하고 싶다고 말씀드리니 늙은

얼굴을 보이기 싫다고 손사래를 치신다. 그럴 때면 아쉽기도 하고 무언가 죄송한 마음이 들기도 한다.

옛날 젊은 모습으로 돌아갈 수 없는 마음이 얼마나 안타까울까, 그리고 아쉬울까, 하는 생각이 많이 든다.

비록 방송 촬영은 같이 하지 못하지만 어르신들과 함께 나눌 추억을 꾸준하게 많이 만들어보고자 오늘도 노력을 해본다.

팥죽

"카페 아가씨야, 있나?"

"네. 할머니 어쩐 일이세요."

"오늘 동짓날이잖아."

"우리 팥죽 가지고 왔다."

"요새 젊은 사람들 팥죽 먹나?"

"그럼요, 먹죠. 어서 들어오세요."

"괜히 귀찮게 하는 거 아닌가."

"이미 가지고 와놓고는 귀찮은가 묻나."

"괜찮아요. 언제든 오시라고 말씀 드렸잖아요. 근데 힘들게 팥죽 하셔서 자녀분들 주시지."

"가들 요새 이런 거 먹지도 않는다."

"우리 예쁜 아가씨 먹어."

"저는 좋아해요. 감사해요."

새알을 올려 팥죽 한 숟가락을 먹고 있으니 얼마나 달콤한지 모른다.

어르신들은 커피 한잔 하시면서 이런저런 담소를 나누신다.

어릴 때는 동짓날이면 가족들끼리 팥죽 한 그릇 나눠 먹고 했던 소소한 정 나눔이 있었는데 다들 일상생활이 바쁘다 보니 이런 정을 나누는 일들이 많이 없어졌다.

농촌에서 살다 보면 소소한 정을 나누는 일들이 마음을 참 행복하게 한다.

어떤 날일 때마다 소소하게 한 상 차려서 나눠주시고 찾아와주셔서 옛 전통도 다시금 되새겨보게 된다. 언제나 새로운 것을 찾고 새로운 것에 익숙한 현대 생활이지만 옛것의 소중함도 느끼고 다시 찾아보는 것도 참 알찬 것 같다.

이렇게 지냄으로 인해서 마음도 몸도 언제나 더 건강해지는 것 같다. 이런 소소한 행복들로 농촌 라이프를 즐기는 것도 참 좋다. 아무나 즐기고 느낄 수 없는 농촌 라이프.

밤이 가장 길어지는 동지.

올해 든든하게 팥죽 먹었으니 건강하게 잘 보낼 수 있겠지?

백숙

오늘은 왠지 마을이 시끌시끌하다.

요즘은 날씨가 많이 더워 어르신들은 거의 마을 회관에 모여서 살아가는 이야기 등을 하시면서 하루를 보내신다.

밭일도 보통 새벽 시간쯤 하시고는 낮에는 쉬기 때문에 밭에서 뵙지 못하면 종일 뵙지 못하는 날이 허다한데, 오늘은 다들 회관 밖에 모여 계신다.

"할머니, 오늘 무슨 날이에요?"

"오늘 말복이잖아. 동네에서 백숙 해먹으려고."

"아, 그럼 제가 뭐 도와드릴까요?"

"조금 있다 점심 때 백숙 먹으러 와."

"백숙하는 거 도와드리고 점심 때 많이 먹으면 안 돼요?"

"하하. 먹고 설거지나 좀 해."

사무실로 올라가는 길에 점심 때 백숙 먹을 생각에 종일 군침이 돌았다.

마당에 마련한 가스에 가마솥처럼 생긴 큰 솥을 얹어 두니 김이 모락모락 올라온다.

찹쌀이 가득 들어 배가 불룩한 닭들이 한 마리, 두 마리씩 들어가기 시작한다.

그리고 약재들을 가득 머금은 국물이 우러나기 시작한다.

"할머니, 여기 식초 반 컵만 넣으면 잡내도 없어지고 살도 연해서 좋아요."

"아이고, 우리 요리 선상님이라고 하더니 그런 것도 아나?"

"네. 이번에 한번 넣어보세요. 식초 냄새는 안 나고 살이 연하고 담백해져요."

약간 긴가민가하신 표정으로 식초를 반 컵 넣고는 할머니들께서 돌아가면서 나를 한 번씩 쳐다보신다.

"할머니, 맛없으면 제가 다 먹을게요. 하하."

"요리 선상님 혼자 다 먹으려고 일부러 식초 넣으라고 한 거 아니가?"

"하하 눈치채셨어요?"

"아이고 말도 웃기게 한다. 하하."

처음 어르신들은 내가 새댁이 아니라서 좀 불편하다고 하셨다. 하지만 그냥 손녀처럼 해달라고 하니 한결 편해지신 듯하여 나도 가끔씩 재밌는 이야기도 해드리고 농담도 하는 사이가 되었다. 처음은 서로가 무척 어색했지만 이제는 마음과 마음을 나누는 그런 자연스러운 사이가 되었다.

"어매 진짜 식초 맛이 안 나네."

"나는 식초 맛 나면 어쩌나 걱정했데이."

"진짜 살이 야들야들하네."

"그래 요새 젊은 사람들 말 잘 들어야 된다. 어른이라고 고집 부리면 못 산다."

"제가 다음에 또 맛있게 하는 방법 알려 드릴게요."

"아이고 마음도 이쁘다."

"우리 회관에서 맨날 점심 해먹고 하니까 자주 먹으러 온나."

벌레들만 배부른 농사

올해 처음 무를 심어 보았다.

작은 텃밭이 생겨 구멍을 뽕뽕 뚫고 씨앗을 파종하고 흙을 살살 덮어 물을 주었다.

제발 잘 자라라.

사실 매년 모종은 많이 심었는데 올해는 처음으로 상추, 깻잎, 시금치 등을 파종해보았다. 생각보다 다 잘 자라서 기분이 참 좋고 이제 진짜 농부가 된 느낌이었다.

'무를 잘 키워 동치미 해야지.'

어쩌면 커도 너무 큰 꿈이긴 하지만 그래도 정성을 다해보기로 한다.

매일 새벽 물을 주고 해가 지면 또 물을 준다.

"제발 예쁜 아가들아 올라오너라."

그렇게 며칠이 지났을 때 흙 위로 알 수 없는 줄들이 생겼다.

'뭐지? 벌레들인가?'

가까이 가서 보니 흙을 가르고 무언가 올라오는 것 같았다.

"와우, 신기하다. 모세의 기적 같네."

너무 신기하여 사진을 찍어 진짜 농부인 동생들에게 마구마구 자랑을 했다.

"이것 봐라, 무 올라온다. 대박 신기."

"이 누나 또 신났네."

"무 씨앗 파종은 처음이야."

"누나, 근데 무는 올라오는 것보다 알차고 벌레 안 먹게 잘 키우는 게 더 어려워."

"일단 나오면 잘 키울 수 있을 것 같아."

또 열심히 물 주고 예쁜 이야기들을 해주다 보니 무 잎처럼 보이는 아가들이 한 잎 두 잎 생기기 시작한다.

매일매일이 신기한 하루다.

"으아아아악, 이 벌레 녀석들."

아, 순간 동생들이 말한 벌레 이야기가 생각이 났다.

나물과 나물 사이에 숨은 장수하늘소

이제 무의 모습을 갖추려 하니 벌레들이 잎을 갉아먹기 시작했다.

동네 할머니들은 약을 쳐야 한다고 했는데 약을 치고 싶지는 않아 그냥 지켜보기로 했다.

"아이고, 저렇게 두면 무 하나도 못 먹는데이."

"빨리 약 쳐라."

"아 괜찮아요. 좀 지켜볼게요."

매일 내 텃밭을 지날 때마다 할머니들께서는 한두 마디 하셨다.

그렇게 며칠이 지나고 계속 지켜보던 무는 돌아올 수 없는 강을 건너게 되었다.

할머니들 말씀을 들었어야 했는데, 동치미는커녕 무 전 한 장도 먹지 못하게 되었다.

대신 벌레들은 배부르게 먹었겠지.

벌레들이 배불리 먹은 무를 보는 게 안쓰러웠는지 그날 저녁 아래 밭 할머니께서 예쁜 무 두 개를 문 앞에 두고 가셨다. 길쭉길쭉 잘 빠진 달달하고 시원한 무.

내년은 꼭 잘 지어서 동치미를 하겠노라고 다시 다짐해본다.

해바라기가 헤딩한 날

산 아래 새롭게 밭을 얻게 되었다.

동네 길을 가로질러 올라가면 우리 사무실과 내 작은 텃밭이 보인다.

텃밭 옆으로 빈 공간이 있는데 길에서 훤하게 잘 보이는 곳이다.

"우리 사장님(가끔 할머니들께서 이렇게 부르시기도 한다.) 동네에서 제일 높은데 여기 예쁜 꽃 좀 심어봐."

"그래 이 이뿐 것에다 해놓으면 동네 사람들 다 보고 좋겠네."

"저 꽃 엄청 못 키우는데 어쩌죠."

"일단 심어봐. 우리가 오며 가며 봐줄게."

나는 농사지으면서 참 신기한 일이 많았다.

여지껏 선물 받은 식물을 제대로 키워본 적이 없었다.

오죽하면 식물을 죽이는 특별한 재능을 가지고 있다고 이야기할 정도였으니 말이다.

'그래, 일단 한번 심어보자. 화분이랑 다르겠지. 농사도 짓는데 뭐.'

해바라기, 물망초, 데이지, 비올라, 천일홍… 대충 이름을 아는 꽃들로 왕창 씨앗을 사가지고 왔다. 밭에 상추를 심을 때처럼 한 줄로 골을 만들어 씨앗을 솔솔 뿌렸다. 그리고 텃밭을 가꿀 때처럼 매일 물을 주고 예쁜 이야기들을 해주었다.

"잘 자라. 예쁜 꽃들아. 꼭 만나자."

한 열흘이 흘렀을 때 풀인지 새싹인지 알 수 없는 아이들이 조금씩 올라오고 있었다. 풀이면 뽑아야 되나 수없이 고민을 하다 새싹일 수 있으니 그냥 두기로 했다.

그리고 또 매일 물을 주었다.

며칠이 지날수록 초록 잎만 올라왔다. 생각했던 꽃은 보이지 않고 잎만 올라오니 매일 매일 꽃인지 아닌지 고민하게 되었다.

그러다 해바라기로 추정되는 아이의 키가 갑자기 쭉 크더니 해바라기의 모습을 하기 시작했다. 다른 꽃들도 이젠 경쟁하듯이 붉은색 물이 들고 보라색 물이 들어 꽃잎이 하나하나 생기기 시작하더니 예쁜 꽃밭이 만들어지고 있었다.

"아이고 예쁘게 만들었네."

"여기 올라오다 보면 꽃밭 보고 기분 좋아진다."

정말 다행이다. 할머니들께서 매일매일 기분이 좋아지신다고 하니 말이다.

쨍쨍한 여름날 해바라기는 하늘을 바라보고 저녁이 되면 자연스레 고개를 떨군다. 이렇게 신기한 세상이 있을 줄은 생각지도 못했다.

방긋 이사하는 해바라기와 벌

생각지도 못한 비바람이 치던 여름의 어느 날. 내가 사랑했던 해바라기는 밭 아래로 헤딩을 한 채 줄기가 꺾여버렸다.

다시 살려보고자 지지대로 줄기를 들어보았다. 제발 살기를 바랐던 해바라기는 그날 이후 고개를 들지 못하였다.

내년엔 좀 더 체계적으로 예쁜 꽃밭을 만들어보기로 결심했다.

자연과 함께하는 일은 늘 생각지 못한 시행착오의 연속이다.

쪽파 한 단

바쁜 일 철이 끝나 친구들을 불러 바비큐 파티를 하기로 했다.
각자 열심히 농사지은 각자의 농작물을 가지고 하나둘씩 모
였다.

"누나, 쪽파 무침 먹고 싶어요."
"아, 미리 이야기하지. 쪽파 없는데."
"그럼 다음에 해줘요."
"잠깐만 기다려봐."
옆에 있는 할머니 밭을 보니 쪽파가 심겨 있는 게 보였다.
그리고 마침 밭에 계시기에 살포시 찾아갔다.

"할머니, 친구들하고 밥 먹을 건데 쪽파 몇 뿌리만 주시면 안 돼요?"

"그래, 가져가라. 저기 대파도 있고 깻잎도 있고 상추도 있다. 필요한 거 가져가라."

"몇 뿌리만 가져갈게요."

그렇게 몇 뿌리를 가져와 쪽파 무침을 했다.

얼마나 맛있게 먹었는지 남는 거 없이 텅텅 비웠다.

다음에는 동네 어르신들 모시고 바비큐 파티 한번 해야지 하고 뒷정리를 했다.

다음날 아침, 문 앞에 검은 봉지가 있었다.

봉지를 열어보니 쪽파가 한가득 있었다.

마침 할머니께서 밭에 계시기에 가보니

"이것저것 가지고 가라고 하니 안 가져갔더라."

"힘들게 농사지으셨는데 저희 딱 먹을 만큼 가져갔어요. 그리고 어제 진짜 잘 먹었어요."

"올해 쪽파 농사가 너무 잘 돼서 집에 가서 이것저것 해먹으라고 갖다 놨어."

"너무 감사해요. 매일 챙겨주셔서. 죄송하기도 하고."

"죄송하기는. 어차피 이거 우리 영감이랑 다 먹지도 못한다. 다음에도 필요한 거 있음 막 갖다 먹어."

어르신들께서 힘들게 농사짓는 모습을 늘 봐와서 함부로 가져오기 굉장히 미안했다. 되도록 공짜로 가져오지 않으려 하고 버리지도 않고 최대한 다 먹으려고 한다.

늘 자식들 주려고 새벽같이 일하시는 걸 알고 있기 때문이다.

농사지으면서 마트에서 야채를 거의 사 먹지 않는 것 같다. 내가 직접 농사를 짓는 것도 있지만 주변 어르신들이 맛보라고 매일같이 이것저것 가져다주셔서 늘 잘 먹고 있다.

이런 소소한 나눔의 정을 받은 만큼 나도 주변에 돌려주어야겠다는 생각을 늘 하게 된다.

혼자면 혼자 행복하지만 나누면 여럿이 행복해진다.

할머니들께 맛있는 걸 얻어먹고 연말이 되면 항상 어려운 이웃들을 위해서 연탄봉사를 한다
매년 연탄을 들고 있는 내 모습이 그렇게 밝을 수가 없다

보약 같은 커피

새로 얻은 밭 옆에 할머니 집이 한 채 있다. 할머니께서 쉴 겸 집에 들어와 커피 한잔 하라고 해서 따라 들어갔더니 대접에 한 사발을 주셨다.

"이쁜 컵이 없어 여다 커피 줘서 미안하데이."

"괜찮아요 할머니."

사실 나는 괜찮지 않았다. 한 대접 되는 커피를 보니 눈앞이 깜깜해졌기 때문이었다. 믹스커피를 마시면 배가 아파 거의 마시지 않는데… 농촌에선 믹스커피 한잔이 삶의 휴식 같은 존재라 간간이 마시기는 하지만 한 사발은 무리인 것 같았다.

하지만 남기는 건 할머니들을 속상하게 하는 일이라 살짝 식허 벌컥벌컥 마셨다.

"아이고 맛있나. 잘 먹으니까 보기 좋데이."
"네 맛있어요."
"커피는 뜨끈할 때 마시야 제맛이지."
"그렇죠. 하하."
"요새 젊은 사람들은 블랙커피 먹는다는데."
"저는 이것저것 다 먹어요."
"아이고 이쁘데이."

막 농사짓기 시작했을 때 어르신들이 주시는 사발커피를 보고는 마치 사극에서 사약 먹는 모습이 연상되었다. 뜨거운 커피를 한 번에 들이마시자면 속이 타들어가는 느낌이었다.

근데 이게 어느 순간 중독되어 물이 많아 밍밍한 사발커피가 그립기도 하고 그 뜨거운 커피가 타고 내려가는 느낌이 생각나곤 한다. 특히나 일을 하다 보면 일에 지쳐 밍밍한 달콤함이 더더욱 그립다.

커피 한잔이 고된 노동을 잊게 하는 마약 같은 존재이기도 하고 또 보약 같은 존재이기도 하다. 예전에 뜨거운 커피를 잘 마시는 어르신들을 보면 참 신기했었는데 어느새 내가 그런 모습이 되어 있었다.

오늘도 할머니의 사랑이 담긴 사발커피 한 잔에 피로감을 씻어본다. 아, 말 못하게 맛있다. 달콤하다. 참 희한하다. 할머니의 사발커피는 왜 이리도 달콤한 걸까? 할머니의 커피에는 사랑한 스푼, 정 한 스푼, 관심 한 스푼. 이렇게 남다른 비법이 있는 게 아닐까 생각해본다. 할머니의 커피는 보약 그 자체이다.

인사만 잘해도 됩니다

농촌 생활에 가장 중요한 팁은 인사가 아닐까 하는 생각을 한다.

처음 우리 동네가 아닌 옆 동네에 밭을 얻게 되어 농사를 시작하게 되었다.

낯을 많이 가리는 나였지만 인사를 잘하는 편이었기에 농사를 시작하기 전 밭 주변 어른들께 하나둘 인사하러 다녔다.

"할머니 할아버지, 저 여기 옆 밭에 농사짓게 되었는데 잘 부탁드려요~."

"아가씨가 먼 농사짓는다고. 신랑이랑 같이 왔나?"

"아니요. 아직 결혼 안 했어요."

"엄마, 아빠 농사 물려받았나?"

"그것도 아니에요. 그냥 혼자 지어요."

"아가씨가 대단하네."

"잘 부탁드릴게요."

다른 집 어른들을 찾아뵙고 인사드려도 반응은 다들 비슷하였다.

그리고 농촌에서 필수적으로 해야 할 일이 또 하나 있다.

이장님, 부녀회장님, 노인회장님을 찾아뵙고 신고하는 것이다.

열심히 농사짓고 4년 만에 작은 체험장을 지을 때였다. 내 땅에 내 건물을 짓는 일이지만 공사를 하다 보면 먼지도 날리고 큰 차도 다닐 텐데, 동네가 시끄러울 것 같아 가장 먼저 한 일이 이장님, 부녀회장님, 노인회장님을 찾아뵙고 인사를 한 일이다.

"안녕하세요. 저기 위에 작은 건물을 짓게 되었어요. 공사하면 동네에 먼지도 나고 큰 차도 다녀서 혹시 불편하실 수도 있는데 잘 부탁 좀 드리겠습니다. 최대한 피해 없도록 하겠습니다."

"우리 동네 젊은 사람 오는 건데 좋지. 공사는 금방 끝나겠지.

동네 어르신들과 함께하는 요리 수업

괜찮다.”

　“아가씨 집은 어딘데?”

　“공검이요.”

　“결혼해서 남편이랑 같이 왔나?”

　“아직 결혼은 안 했구요. 부모님이랑 같이 살고 있어요.”

　“아이고, 미안하데이. 부모님 농사가 많으신가 보네.”

　“아니요, 다른 사업하고 계시고 저는 그냥 조금 배워서 조금씩

하고 있어요. 잘 부탁드려요.”

"젊은 사람 와서 좋구먼. 힘든 거 있으면 이야기해."

농촌생활은 도시와는 다르게 서로 소통을 잘하는 것이 가장 큰 생활 꿀팁이다.

서로의 삶도 나누고 때론 도움을 요청하면 서로 나서서 함께 해준다.

인사만 잘해도 절반은 넘어가는 셈이다.

꼬꼬를 만나서

이웃집 어른께 농기구를 빌리러 갔던 날이 마침 장날이었다.

"영감, 정원이 닭 한 마리 주삐라. 다 못 팔아짜네."

"정원이 큰 걸로 줘야겠다. 기다리라."

"아니, 괜찮아요. 집에서 드세요."

"이기 엄청 맛있어. 돈 주고도 못 먹는기라."

"아 진짜 괜찮은데."

할아버지께서 큰 컨테이니 박스를 들고 오시길레 얼마나 많이 주시려는건지 눈을 동그랗게 뜨고 쳐다보았다.

'앗. 닭이 살아 있다. 나는 마트에서 보던 그 닭인 줄 알았는데, 이 일을 어쩌지. 살아 있는 닭이라니….'

남의 뒷마당까지 장악한 꼬꼬, 멀리 날아갈까 싶어 노끈
으로 다리를 묶어놓았다

정신이 혼미해졌다.

"진짜 귀한기라. 집에 가서 잡아먹어."

"아, 할아버지. 닭 못 잡아서 못 가져갈 것 같아요. 키울 곳도
없고….."

"못 키우기는. 이기 내가 좋은 거만 먹인 기라 가지고 가면 집
에서 다 알아서 한다."

기어이 차에 실어주셨다.

집에 가는 내내 푸다닥거리는 닭소리에 움찔움찔했다.

"언니, 이거 먼데?"

"할아버지가 줬어, 어쩌나."

"키우자."

동물을 엄청 좋아하는 내 동생은 반짝반짝 닭 깃털과 벼슬에 한눈에 반하였다. 우리 자매는 집에 있는 삼각 표지판을 벌려 세우고 컨테이너 박스를 앞뒤로 막고 눈 내리는 겨울날이라 비닐도 씌워 집을 만들었다. 그리고 다리에 긴 줄을 매어 날아가지 않게 하였다. 행여나 고양이에게 잡힐까 싶어 저녁에는 닭을 집에 넣고 빈틈없이 박스를 둘러주었다. 그리고 이름도 '꼬꼬'라고 지었다.

낮엔 자유롭게 마당에서 풀도 먹고 사료도 먹고 그렇게 며칠이 흘렀다. 고양이에게 잡힐까 걱정했던 꼬꼬의 새로운 면을 보고 깜짝 놀랐다.

가까이 오는 고양이를 향해 이단옆차기를 날리다니…. 닭을 키워본 적 없는 우리에겐 문화 충격이었다. 그리고 우리의 걱정과는 다르게 꼬꼬는 잘 자라주었다.

하지만 만남 뒤에 이별도 있다고 했던가. 도저히 키울 수가 없

어 원래 꼬꼬 주인이었던 할아버지 댁에 일주일 만에 다시 보내
주었다.

"할아버지, 이제 정들어서 잡아먹지도 못하고 키우는 것도 좀
힘들어요."

"이그, 이기 얼마나 맛있는 건데. 돈 주고도 못 먹는다."

"할아버지, 꼬꼬 잡지 말고 이쁘게 키워주세요."

"알았다."

내 부탁과는 다르게 그 이후 꼬꼬는 볼 수 없었다. 농촌에서
닭 울음소리는 들었지만 닭을 실제 가까이서 보고 만져본 건 이
때가 처음이었다. 그리고 닭이 그렇게 이단옆차기를 한다는 사
실도 생소하였다. 꼬꼬의 소식을 이제는 들을 수 없지만 꼬꼬와
의 추억은 잊지 못할 것 같다.

맛있는 음식은 어디서 오는가

배를 따다 말고 목이 말라 바지에 배를 슥슥 닦고 한입 베어
물었다.

'아, 이렇게 달콤할 수가 있을까?'

설탕도 이런 설탕이 없는 것 같은 느낌이다.

농사일을 하면서 세상 가장 행복한 순간은 일하면서 과일과
야채를 먹을 때다.

가끔 무도 흙을 털고 장갑으로 슥슥 닦아 한입 먹을 땐 그렇게
달콤할 수가 없다.

보통 요리 수업을 할 때는 최대한 우리 농장이나 이웃 농장의

농산물을 활용하려고 한다. 그래야 더 맛있는 음식을 할 수 있다고 생각하기 때문이다.

"선생님, 오늘 이 시금치는 어디 거예요?"

"마당에 있는 텃밭에서 오늘 아침에 수확했어요. 싱싱하죠?"

"그냥 먹어봤는데 엄청 고소하네요. 땅콩 맛이 나요."

"시금치 같은 건 키우기 힘들지 않고 벌레도 많이 안 생기니까 집의 작은 화단에서 한번 키워보세요."

"아이고 우리는 해봐도 잘 안 되더라구요."

이웃분들이 열심히 농사지은 양파들

"선생님 손맛이 좋으니까 잘 자라고 그렇지요."

"그렇지 않아요. 하하. 정성을 다하면 잘 되던데요. 저도 화분에 있는 식물은 다 죽이는 아주 특별한 능력을 가지고 있어요."

"하하. 선생님도 못하는 게 있어요?"

"많죠. 근데 맛있는 음식은 자연에서 온다고 생각해요. 쨍한 햇빛과 촉촉한 이슬이 있어야 우리의 요리 재료들이 나오니까요."

"아이고 선생님 말도 예쁘네요."

"우리 건강한 거 먹고 건강하게 오래 살아야죠."

시각 장애인분들과 자주 수업을 한다. 최대한 위험하지 않게 집에서 간단하게 할 수 있는 요리를 많이 하는 편인데 거기에 가장 중요한 것은 재료들이다.

나는 어릴 때부터 요리하는 걸 무척 좋아했다. 그때는 어떤 재료를 써야 하는지 잘 알지 못했는데 농사를 짓다보니 싱싱한 재료가 요리를 얼마나 즐겁고 맛있게 하는지 알게 되었다.

그래서 할머니들이 직접 농사지은 농산물을 자식들에게 보내려고 하나하나 포장하고 이웃과 나눠먹는 것 같다.

자연이 준 재료들이 얼마나 건강한 요리를 할 수 있게 하는지 말이다.

동네분들과 나눠먹기 위해 만든 미니 텃밭에서 자라는 야채들

　많은 도시 사람들도 이 사실을 알면 참 좋겠다. 맛있는 음식은 항상 자연에서 온다는 것을 말이다. 물론 요리를 잘하는 것도 중요하지만 말이다.

장갑에 한 네일아트

나는 농부지만, 그래도 꾸미기 좋아하는 30대이다.

하지만 매일 흙을 만지다 보니 그 유행하는 네일아트 한번 하기가 어렵다. 물론 할 생각도 안 하는 편이긴 하다.

흙 만지고 손 씻고 호미질하고 흙 만지고 또 만지고 늘 반복되는 일이기 때문에 네일아트는 별 의미가 없다.

오랜만에 동생이 내 손을 보더니 잔소리가 늘어졌다.

"이래서 시집가겠어? 손 관리 좀 해."

"일하다 보니 어쩔 수 없지 뭐."

"네일아트도 좀 하고 해봐. 나이 들면 못 한다."

"에이, 금방 떨어지고 또 살짝 한쪽만 떨어지면 지저분하잖아."

"일단 해보고 말해. 내가 준비해왔어."

"금방 떨어질 텐데."

"아, 다되면 또 해줄게."

"알았어."

슬그머니 미소를 짓고 손을 내밀었다. 잔소리와 함께 네일아
트가 시작되었다. 예쁜 색에 반짝반짝 큐빅도 붙여주었다.

"와, 진짜 이쁘네."

"거봐라, 이쁘잖아."

그렇게 이틀이 지났다. 아니나 다를까. 이미 몇 손가락의 네
일 스티커는 저세상으로 갔다.

"아, 아깝다."

갑자기 이 예쁜 네일이 무척이나 아깝고 아쉬운 생각이 들었다.

이미 살짝씩 떨어지고 있는 이걸 어찌할까 고민을 하다 순간
번쩍 아이디어가 떠올랐다.

호미질하면서 꼈던 장갑 위에 살짝 떨어진 네일 스티커를 붙였

다. 매일 볼 수 있도록. 그리고 몇 가지 스티커는 장화에 붙였다.

나만의 신상 장갑과 장화가 탄생했다.

할머니들이 장갑과 장화를 보며 폭소하셨다.

"이기 뭐고. 미녀농부라고 치장했나."

"할머니, 그게 아니고 동생이 예쁘라고 손톱에 해줬는데 다 떨어져가지고 아까워서 붙여봤어요. 이쁘지요?"

"하하, 담에 내 장화에도 해줘."

"다음에 할머니 손톱에 예쁘게 해드릴게요. 놀러오세요."

할머니들도 여자이기에 언제나 아름답고 싶어 하신다. 그리고 예쁜 걸 좋아하신다. 나도 그렇고. 자연스러운 것도 좋지만 가끔은 예쁜 인위적인 것도 하고 싶은 날이 있다. 오늘은 그러한 날이었나 보다.

농가이버 미녀농부

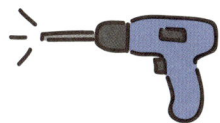

농촌에서 살다 보니 사소한 일부터 다 할 줄 알아야 한다는 걸 매번 느꼈다.

못 박는 건 기본이고 드릴질부터 에폭시 작업까지 이젠 웬만한 일은 다 마스터했기에 가끔 집도 지을 수 있을 것 같다고 농담도 한다.

농부가 농사만 잘 지으면 되지, 그런 일은 왜 필요하냐고들 묻는다.

"정원아, 저 마트 갈 일 있으면 본드 하나만 사다줘."
"왜요? 할머니 어떤 본드 필요한데요?"

"시계 걸려 있던 게 떨어졌어. 그래서 고리를 붙이려고."

"거기 못으로 되어 있는 거 아니에요? 제가 봐드릴까요?"

"아가씨가 뭐 할 줄 아나?"

"일단 한번 볼게요."

벽에 구멍이 커져 못이 헐거워 빠져버렸던 것이다. 그래서 나의 보물인 공구상자를 들고 다시 할머니 댁에 가서 벽에 맞는 피스로 다시 박고 시계를 걸어 드렸다.

"아이고, 아가씨가 못 하는 게 없나. 신기하네."

"자잘한 건 할 줄 아니까 필요하면 불러주세요. 할 수 있는 건 해드릴게요."

"정원아 혹시 전등 갈 줄 아나?"

"그 정도는 기본이죠. 제가 집에 맞는 거 사가지고 와서 해드릴게요."

"아이고 고맙데이. 니 없었으면 어쩔 뻔했나."

그리고 얼마 뒤 예전 사무실에 놓았던 건조기를 현재 사무실로 가지고 왔다. 콘센트 코드를 달아야 하는데 어찌할 줄을 몰라

선배들과 영상 통화를 하면서 조심히 코드를 달았다.

마당 벤치에 니스칠은 그냥 소꿉장난이고 컨테이너에 페인트칠은 물론이고 도어락도 직접 달 수 있게 되었다.

물론 전문가를 불러서 할 수도 있지만 기다리는 것도 시간이 조금 아깝기도 하고 그러다 보니 조금씩 하나하나 직접 하게 되었다.

이제는 농가이버라는 별명을 얻을 정도로 전문가가 되었다.

농촌에서는 소소하게 해야 할 일과 어르신을 도와야 할 일이 많기 때문에 기본적인 도구들과 기술을 가지고 있는 게 좋다.

농가이버여서인지는 모르겠지만 나는 일반 가정집에서 보기 힘든 드릴 공구 세트와 높은 사다리, 실리콘 총 등, 공구 욕심이 많다. 좋은 도구가 좋은 기술을 갖게 해주기 때문이다. 욕심쟁이 농가이버.

저건 공룡 알이야

사촌 조카들이 집에 놀러왔다.

아파트에 사는 조카들은 우리 집에 오면 그저 신나서 좋아한다.

새벽에 일어나 거실을 뛰어다녀도 혼내는 사람 없고 자유롭게 마당에 나가 강아지들에게 인사하며 산책을 해도 위험하지 않아서이다.

"흰둥아, 안녕. 잘 잤니?"

"왈왈."

"흰둥아, 나한테 짖으면 안 돼. 안 괴롭힐 거야."

붙임성이 좋은 조카는 새벽에 우리 엄마, 아빠와 함께 밥을 두

그릇씩이나 먹곤 한다.

그리고는 아빠 방에서 아빠와 함께 골프 채널을 보면서

"할아버지, 저거 구멍에 쏙 넣어야 되는 거죠?"

"너 골프 아나?"

"골프가 뭐예요?"

아빠와 어색한 대화가 오간다.

낮엔 인근 박물관에 놀러가려고 다 함께 차를 타고 길을 가다가 볏짚을 말아놓은 걸 보고 물었다.

"이모. 저건 뭐예요?"

순간 장난기가 발동했다.

"저건 공룡 알이야. 네가 말 잘 듣고 그러면 다음에 이모 집 놀러 올 때 공룡이 태어날 거야."

"어? 공룡은 이미 다 멸종했는데."

"아니야, 저기 숨어 있어."

"에이 이모, 거짓말하지 말아요. 저는 다 알아요. 공룡이 멸종된 거 책에서 봤어요."

"아니야. 이모는 봤어. 시간이 지나면 저기서 공룡이 뿅 나온다."

어떤 이는 마시멜로라고도 하고 또 어떤 이는 공룡알이라고도 하는 볏짚말이

"그럼 언제 공룡이 나와요?"

"음… 내년에 이모 집 오면 공룡이 태어나 있을 거야. 저기 알
다 없어져 있을 거야."

"진짜죠? 엄마 내년에도 이모 집 꼭 와야 돼요. 저 공룡을 만나
야 하거든요. 정원이 이모가 공룡을 만나게 해준다고 했어요."

아마 조카는 매일 공룡 꿈을 꿀지도 모르겠다. 거짓말을 한 게
좀 찔리긴 하지만 혼자 얼마나 큰 상상을 하고 있을까 싶어 뿌듯

하기도 하다.

　농촌에서의 많은 자원들은 항상 풍부한 상상력과 꿈을 꿀 수
있게 한다.

　누가 알았겠는가. 하얗게 둘둘 말려 있는 볏짚이 온 들판에 있
는 걸 보고 공룡 알이라는 생각을 하다니 말이다. 뭐 때론 대왕
마시멜로라고 하기도 한다.

　그 안에서 늘 숙성되고 있는 볏짚들 그리고 그 볏짚이 꼭 해야
할 일들이 있다는 거 말이다.

　그 어느 것 하나 허투루 버려지는 게 없는 농촌의 모습들이 언
제나 사랑스럽다. 작은 것 하나도 그냥 지나가지 않는 그 모습들
말이다.

돼지감자와의 몰래 데이트

처음 농사를 시작하였을 때 돼지감자가 열풍이었다.

처음 들어보는 돼지감자.

감자가 돼지라는 건지 돼지가 감자라는 건지 도무지 이해가 가지 않았다.

"할머니 돼지감자가 뭐예요?"

"아, 그거 그 옛날에 돼지같이 몬생겼다고 나온 기라. 늦가을 이랑 초겨울에 캘 수 있어, 그 뚱딴지라고도 하재."

"그거 사람이 먹어요?"

"아이구 얘 봐라. 그럼 사람이 먹지 누가 먹누."

"돼지감자래서 돼지가 먹는 줄 알았어요. 하하."

"그 돼지감자 당뇨에도 좋고 그래서 나이 든 이들이 좋아한
다. 저쪽에 둑에 가면 많데이."

"그거 그냥 캐도 돼요? 주인이 없어요?"

"그기는 뿌리 하나만 있어도 막 퍼저뿐다. 근데 동네 할마시들
많이 나오는데 알면 다 몰리니께 몰래 가서 캐뿌라. 다 빼앗긴다."

"같이 나누면 좋잖아요. 하하."

할머니께서 이야기해주신 둑에 가보니 언덕 아래마다 요상하
게 생기기도 했고 못생기기도 한 돼지감자가 줄을 이었다. 호미
로 살살 캐다보니 아직 호미 다루는 기술이 부족하여 돼지감자
에 콕콕 찍혔다. 슬프게. 이 돼지감자를 못 먹게 될까 봐 어떻게
할까 고민하다 집에 쫓아가 고무장갑을 가지고 왔다.

목장갑과 고무장갑을 끼고 땅을 파기 시작했다. 두더지가 땅
을 파듯 쉴 새 없이 땅을 파고 또 파다보니 알이 굵은 돼지감자
가 무더기로 나오기 시작했다.

갑자기 이 돼지감자가 다 돈으로 보이기 시작했다. 띠용~!

갓 농사를 시작해 수확물이 나올 때까지 일년을 기다려야 하
기에 생계를 걱정하고 있었다. 마침 이 둑에 있는 돼지감자를 다
캘 수만 있다면 한해가 풍요로울 것 같았다.

흙을 살살 털어 노란 컨테이너 박스에 가득가득 담았다. 차 트렁크가 가득 찰 정도로 가득 담았고 그 이후로도 매일 해가 넘어갈 쯤 몰래 가서 돼지감자와 데이트를 일주일간이나 했다. 혹여나 누구에게 들킬까 싶어 몸을 바짝 엎드려서 말이다.

그렇게 캔 돼지감자를 깨끗하게 세척하여 말려 가루로 만들고 닦아서 차로 만들었다. 물론 가공한 돼지감자를 팔 수는 없었기에 제품을 개발하기 위한 재료로 사용했고 나머지는 건강원에 가져가 팔았다.

그렇게 만난 돼지감자가 나의 첫 수확품이었다. 돼지감자를 차에 싣기 위해 돌아다닌 다리가 온통 멍투성이었고 손으로 캐다 보니 손톱이 다 빠져 아프긴 했지만 처음 만난 돼지감자도 신기했고 내가 직접 캘 수 있다는 사실이 더 마음을 설레게 했다.

그 돼지감자들을 다시 만나고 싶다. 나를 설레게 했던 나의 첫사랑 돼지감자.

땅 한 평에
오만 원이면 사지 않을까요?

    농사를 처음 지으려고 하니 부모님은 농사에 'ㄴ'도 모르셔서 농지 한 평도 없었다. 그래서 대차게 농사지를 알아보고자 여기 저기 돌아다녔다.

    '어릴 때 얼핏 듣기로는 농사짓는 땅은 몇 만 원 주면 산다고 했는데 많이 올랐어도 오만 원이면 살 수 있지 않을까?'

    '그럼 논도 사고 밭도 사서 이것도 심고 저것도 심고….'

    나 혼자 어마어마한 상상력에 잠기어 피식피식 웃었다.

    그렇게 마음에 드는 몇 곳을 보고는 땅값을 알아보러 갔다.

    '오마이갓.'

"땅은 평당 오십만 원이고, 길 좋은 데는 육십만 원이다."

"네? 그렇게 비싸요?"

"길 없는 데는 한 십만 원 주면 산다."

'헐헐헐.'

말을 잃었다. 그러고 보니 서울의 가장 비싼 땅은 평당 몇 억씩 한다고 했지.

나는 왜 아주 옛날 생각만 했을까 싶다. 왜 농촌은 언제나 그대로라고 생각했을까? 세월이 변화된 만큼 농촌도 많이 변화했을 텐데 말이다.

그저 한숨만 나올 뿐 계획하지 못했던, 그리고 사전 조사를 하지 못했던 큰 벽이 생겨났다.

'농사를 이대로 포기해야 되는 걸까?'

이래저래 알아보니 농어촌공사에서 빌려주는 땅이 있다는 걸 알게 되었다. 그래서 농어촌공사를 찾아가 이런저런 설명을 듣고 신청하고 돌아오는 길에 조금 허무하였다.

꼭 내 땅이 있어야 하는 건 아니지만 안전하게 농사를 짓기 위해서는 내 땅이 있어야 된다는 믿음이 있었기 때문이다.

다행인 건 나의 기특한 모습을 본 동네 어르신께서 휴경지를 빌려주셔서 가장 먼저 땅을 살리는 일부터 시작하였다.

땅을 뚫고 나오는 경이로운 새싹, 일 년에 한 번 딱 그때만 만날 수 있는 귀한 아이들

농사의 가장 기본은 땅이라고 생각하고 그렇게 느꼈다.

농사지으며 처음 맨발로 밟은 흙은 폭신함 그 자체였다. 그리고 보슬보슬함이랄까?

내가 이렇게 느끼는 것을 나무들도 늘 느끼길 바랐다.

그래서 농사 짓기 전 항상 땅을 살리는 일을 먼저 하곤 한다.

쉬운 일은 결코 아니다. 시간이 걸리는 일이면서 생계와 맞닿아 있기도 하다.

하지만 땅이 건강하지 못하면 아무리 좋은 모종을 심고 나무를 심어도 건강하지 않을 것 같다.

여름철 벌레와의 전쟁

창문에 방충망이 없다. 그래서 여름날 창문을 열어놓으면 정체불명의 벌레들이 한가득 들어온다. 마음이 약한 나는 죽이지 않고 최대한 밖으로 벌레들을 인도하여 보내주는 편이다.

이것도 하루 이틀이지 보통 일이 아니었다.

인터넷을 뒤져보니 방충망 정도는 혼자서 충분히 달 수 있을 것 같아 사이즈를 잘 재어 방충망을 주문하였다.

며칠 뒤 도착한 방충망의 설명서를 꼼꼼히 읽어본 뒤 창문에 맞춰 방충망을 끼워 넣었다. 그다음 실리콘을 창틀 안쪽에 바르고, 외부에도 꼼꼼하게 발라주었다.

나는 알고 있다. 실리콘을 깔끔하게 바르는 것이 얼마나 힘든 일인지를.

어렵게 넣은 창틀이 헛수고가 되지 않도록 조심조심 실리콘을 발라보기로 했다.

'앗.'
초장부터 삐뚤삐뚤 이미 망했다.
하지만 벌레와의 전쟁보다는 이게 나을 것 같아 좀 더 최선을 다해보기로 했다.
물론 마지막까지 최선을 다했다.

동네오빠 : 미녀농부야, 창문이 뭐 이러냐?

미녀농부 : 왜?

동네오빠 : 이걸 돈 주고 했냐? 나를 부르지.

미녀농부 : 큭큭 돈 주고 했으면 그렇게 안 했겠지. 내가 했어.

동네오빠 : 아이고, 아주 그냥 집을 지어라. 도와달라고 연락하지.

미녀농부 : 다들 바쁜데 뭐. 깔끔하게 안 돼서 좀 속상하긴 한데, 다행인 건 이

　　　　　제 벌레와의 전쟁을 끝낼 수 있어서 좋아."

동네오빠 : 벌레 놈들 좀 혼내야겠네.

미녀농부 : 죽이지도 못하고 엄청 들어와서 어쩔 수 없이 했지.

깔끔하지 못함이 아쉽기는 하지만 그래도 방충망을 무사히 달았다는 것에 위안을 삼아본다.

이제 송아지 발이 보인다

저녁 아홉 시.

"이제 송아지 발이 보인닷."

"오오오 신기하겠다. 발이 보인대."

농부들의 흔한 카톡이다.

송아지 발이 보인다니. 처음에는 너무 신기한 대화들이었다.

그리고 알게 된 사실. 사람은 태어날 때 머리부터 나오지만 송아지는 앞발부터 나온다는 사실이 참 신기했다.

30대 초반들이 하기엔 너무 신기한 대화였다.

이후 송아지가 갓 태어난 사진도 보았다.

소는 태어나자마자 눈을 뜬다고 한다. 갓 태어난 송아지

"송아지 우유 먹이러 올래?"

"사람이 우유 먹여?"

"놀러와~."

한가해서 쫄래쫄래 놀러가봤다. 큰 우유통에 우유를 타 들고 가니 송아지들이 모여들기 시작했다. 송아지여서 힘이 약할 줄 알았는데 힘이 얼마나 세던지 내가 죽 딸려갈 뻔했다.

"힘 빡 주고 쥐야 돼."

"우유병 빼앗길 뻔."

참 이 나이에 내 아이 낳아 우유를 먹여도 모자랄 판에 송아지 우유를 먹이고 있다니 신기할 따름이다.

생쥐를 찾아라

'어라. 이 비닐이 왜 구멍 나 있지?'

박스와 비닐을 쌓아놓은 창고에 비닐을 보니 구멍이 송송 나 있었다.

'어디 걸렸었나?'

안쪽에 박스를 꺼내보니 무언가 갉아먹은 느낌이 들었다.

'설마, 설마 아닐 거야.'

혹시나 해서 마트에서 쥐 찐득이를 사가지고 와서 찐득이에 멸치를 놓고 길목에 두 개를 펴 놓았다. 그리고 이틀 뒤 무서워서 빼꼼히 창고 문을 열었더니 찐득이가 팔락거렸다.

"으아아아아악."

아주 쪼만한 생쥐다. 지난번 청소할 때 문이 열려 있어 들어왔었나 보다.

쥐가 잡힌 걸 보았지만 선뜻 들어가지 못하겠다. 무섭다.

동생들을 소환했다.

다행히 능숙하게 쥐 찐득이를 처리해주었다.

쥐를 처리하는 건 나에겐 너무 어려운 일이다.

그리곤 박스와 비닐을 다 꺼내서 정리를 했다. 생쥐 덕분에 청소를 하게 되었다는 사실.

농촌에서 흔히 볼 수 있는 길을 점령한 길막이 염소들, 헤이~ 염소 날 바라보지 말고 길을 비켜주겠니?

크렘브륄레? 프램브레라?

디저트 쿠키류를 만들다보면 계란 노란자가 늘 남게 된다.

그래서 이 계란 노란자를 어떻게 할까 많은 고민을 하다 프랑스 디저트인 크렘브륄레를 만들어 보기로 했다. 동네 할머니들과 나누어 먹으면 좋을 것 같아 신이 나서 요리를 시작하였다.

계란 노란자를 설탕과 잘 섞고 냄비에 생크림과 바닐라 에센스를 넣어 끓기 전까지 데우고 섞어놓은 계란 노란자를 넣어 잘 섞어준다.

그리고 적당한 그릇에 넣은 후 오븐 용기 바닥에 물을 붓고 오븐에 익혀준다.

다 익힌 다음 냉장고에 넣어 차갑게 식힌 후 설탕을 올려 토치로 노릇하게 녹여주면 완성이 된다.

다 완성을 하고 할머니들을 모셨다.

"할머니 이건 프랑스에서 먹는 간식이에요."

"아이고 예쁘다. 이거 어떻게 먹는 기야?"

"이건 위에 부분을 톡톡 깨서 밑에 부드러운 계란 노란자랑 드시면 돼요. 할머니들 건강 생각해서 설탕을 조금만 넣었어요."

"신기해라. 머 이런 게 다 있나."

"우리 아가씨 때문에 별걸 다 먹어본다, 그체?"

"저도 오늘 처음 만들어보았는데 먹을 만하네요."

"이게 계란 노란자라고? 안 비리고 맛있네."

"계란 노란자랑 설탕이랑 생크림 섞어서 만든 거예요."

"머 이게 프랑스에서 온 거라고?"

"제가 찾아보니까 1982년인가 그때 프랑스 셰프가 개발했대요. 차가운 크림이랑 따뜻한 캐러멜이 달고 쓰고 부드러운 맛을 낼 수 있는거래요."

"근데 이름이 뭐라요? 프래머? 크림?"

"이게 프랑스 말인데요, 불에 탄 크림이라는 뜻인데 크렘브륄레라고 해요. 발음이 어려워요."

"크. 레.브 에이 어려워서 못하겠다. 그냥 계란찜이라고 하자."

"네 그렇게 하셔요. 하하."

가끔 신기한 요리가 있으면 동네 할머니들을 모시고 함께 나누어 먹으며 이런저런 이야기를 나눈다. 어원도 신기하고 지구 반대편 이야기를 함께 나누게 된다.

비록 오늘의 요리는 발음은 어려웠지만 이 신기한 요리에 서로 웃으며 재미있는 추억을 만들었다.

시금치가 풍년이네

텃밭에 시금치 씨앗을 뿌렸더니 시금치가 쉴 새 없이 올라왔다.

몇 단은 동네 할머니들 나눠드리고, 그래도 남는 시금치는 어찌할 수가 없어 시금치 김치를 담아보기로 했다.

힘들게 농사짓기도 했고, 흙을 가르고 올라온 시금치가 기특하기도 하여 어느 것 하나 버릴 수가 없다.

시금치를 깨끗하게 씻고 시금치 뿌리에는 영양이 많으니 댕강 자르지 말고 잘 손질을 해야 한다.

물기를 빼고 고춧가루, 액젓, 새우젓, 다진 마늘, 다진 생강, 간장을 넣어 잘 버무려주면 시금치 김치 완성! 그리고 위에 깨를

솔솔 뿌려주면 아주 맛깔스러워진다.

보통 시금치를 데쳐먹는 걸 생각하지만 시금치 김치를 담가 먹으면 고소하고 맛이 좋다.

"할머니, 오늘 시금치 김치 담갔는데 조금 드셔보시라고 가지고 왔어요."

"시금치로 김치를 담근다고?"

"네, 시금치 올해 너무 잘 자라서 다 못 먹으니까 이렇게 해봤어요."

"집에 먹지. 나까지 챙기나."

"나눠 먹어야죠. 어차피 다 먹지도 못하는 걸요."

"고마이 잘 먹을게."

우리가 마트에서 사먹는 야채나 과일이 얼마나 많은 손을 거쳐서 우리 식탁에 오르는지 그 소중함을 알면 무엇 하나 버릴 수가 없을 것이다.

밭에서 여러 벌레들을 이기기 위해 힘쓰고 흙을 뚫고 나오기 위해 온갖 에너지를 발휘하고 또 그 농작물이 잘 자라기 위해서

직접 만든 시금치 김치

마트에서 만난 시금치, 어느 농부가 열심히 농사지은 거겠지?

농부는 매일 물을 주고 때론 영양제를 주기도 한다. 그리고 안전하게 식탁으로 올라가기까지 안전한 배송을 위해 노력하는 또 누군가가 있고 시들지 않고 제날에 잘 팔기 위해 노력하는 누군가도 있다.

　단순히 농부의 노력만으로는 우리의 식탁이 안전하지 않다는 걸 알기에 늘 주변에 감사한 마음을 가지고 열심히 농사짓는다. 그 마음을 소비자들도 알아주기를 기도해본다.

비 오는 날은 김치전이지

오늘은 비가 와서 밭에서 일하지 않고 사무실에 앉았다.

"미녀농부야, 사무실에 있나?"

"네. 할머니 저 있어요."

'오, 김이 폴폴 김치전이다!' 눈이 왕눈이처럼 커졌다.

"할머니, 웬 김치전이에요?"

"비오니까 김치전 생각나서 좀 부쳐왔어."

"와우, 너무 맛있겠어요."

"비 오는 날은 이런 거 먹으면서 쉬고 그래야지. 맨날 일만 하나."

"일을 부지런히 하는데, 일이 계속 많아요."

"이래서 시집가겠나."

"우리 미녀농부 탐내는 사람들 많다."

"에이 다들 손자 소개시켜준다, 아들 소개시켜준다 하고 아무도 안 해주던데."

"왜 그러나. 아는 사람들은 서로 해달라고 하던데."

"하하하."

농촌에서는 이 김치전 하나만으로도 언제나 하하 호호 웃음이 이어진다.

김치전 한 젓가락에 삶에 대한 이야기도 나누고 이웃들 살아가는 이야기도 나눈다.

처음 주변 어르신들께서 가져다주시는 음식들이 부담스럽기도 했다. 입이 짧은 편이라 다 먹지도 못하고 또 음식 남기는 걸 좋아하지 않는 편이어서 가져다주시는 음식에 대해 늘 부담감을 가지고 있었다. 하지만 어르신들께서 주시는 그 음식들이 마음을 담은 정이라는 걸 알고부터는 부담감을 가지지 않고 나눠 먹으며 이런저런 이야기도 하게 되었다.

그리고 나도 어르신들이 쉽게 드시지 못하는 음식을 만들게 되면 꼭 함께 나눠 먹는다.

예전에 누군가 그랬다. 밥을 함께 먹는 게 큰 정을 나누는 거라고 말이다. 우리는 꼭 인사로 "다음에 밥 한 끼 해."라고 하지 않는가, 그 밥이라는 게 얼마나 큰 정인가, 오늘 또다시 한번 생각해본다.

도시에서만 산 친구들은 이야기한다.

"시골에서는 감자나 고구마만 먹는 거 아냐?"

무슨 전래동화 같은 이야기를…. 시골이라는 단어도 웃기지만 농촌에도 이젠 다양하게 먹을거리가 넘친다는 사실. 우리도 감자나 고구마는 제철에나 삶아먹지 평소에는 안 먹는다.

마약 같은 막걸리 한잔

논이건 밭이건 일을 하다보면 달달한 막걸리 한잔이 간절할 때가 있다.

특히 고된 날은 더더욱 한잔이 간절하다.

어릴 때 학교를 오가다보면 논이나 밭에서 일하는 어르신들이 막걸리 한잔 걸치시는 모습을 보면서 '왜 일하는데 술을 마시지?' 늘 갸우뚱했었다.

근데 농사를 짓기 시작하고 그 달달한 막걸리 한잔이 얼마나 마약 같은 존재인지를 알고 난 뒤에는 이해하게 되었다.

도란도란 할머니들과 밭을 매다 새참 시간이 되면 간식을 꺼내 둘러앉는다.

"미녀농부야, 이거 계란 삶았는데 맛있다. 먹어봐라."

"저 아래 할매가 비빔국수 해온다 했다 좀만 기다리라."

"제가 가서 가지고 올게요."

아랫집 할머니가 참기름 솔솔 뿌려 고소한 향이 코를 찌르는 비빔국수를 양푼에 담아 들어오시는 걸 보고 양푼을 받았다.

군침이 얼마나 도는지 말로 표현하기가 어려울 정도이다.

"할머니, 비빔국수 왔어요~."

"어여 먹자. 막걸리도 한 사발하고."

그렇게 둘러앉아 비빔국수 한 젓가락, 막걸리 한 사발 캬~!

고된 노동도 달달한 막걸리 한 사발과 소화가 되는 느낌이다.

그렇게 참을 나눠먹고 나면 에너지가 불끈 생겨 또 열심히 일을 하게 된다.

"할머니 국수 엄청 맛있어요."

"어제 참기름 짜가 꼬신내가 솔솔 난다."

할머니들과 나눠 마시기 위해 직접 막걸리를 만들어보았다

"미녀농부 막걸리도 잘 마시네."
"이게 일하면서 먹어서 꿀맛이에요."
"아이고, 이제 농부 다 됐다."

오늘 하루도 막걸리 한 사발에 추억을 가지고 꿀잠을 청해본다.

할매의 아이폰

아침 6시, 쉴 새 없이 폰이 울린다.

델레레레레레

"네, 할머니! 아침부터 무슨 일이세요?"

"정원아, 그 전화번호 다른 사람한테 어떻게 보내나?"

"아, 할머니 급하세요? 안 급하시면 제가 가서 도와드릴게요."

"안 급하다. 그럼 시간 날 때 잠깐 와라."

"할머니, 전화 통화하면서 전화번호 보낼 때는요, 이렇게 이렇게 하면 돼요."

"아, 안 까먹어야 되는데 또 까먹어뿐다."

"제가 다음에 다시 알려드릴게요."

"그 뭐야 밴드는 어떻게 하는 기가? 아들래미가 밴드에 손자들 사진 올려놨다는데 도통 할 줄을 알아야 보지."

"그건 이렇게 가입해서 이렇게 저렇게 하면 돼요."

보통 할머니들이 다루기 어려워하는 폰 기능은 몇 가지가 있다. 그래서 오늘 저녁에는 마을 회관에 모여 몇 가지 기능을 알려드리기로 했다.

"할머니 제일 필요한 게 뭐예요?"

"그 사진 문자로 보내는 기랑, 밴드인지 먼지 하는 기랑, 전화 받으면서 전화번호 보내는 거 그거만 하면 됐지 뭐."

"네 알겠어요. 삼성 핸드폰은 여기에서 이렇게 저렇게 하시면 되구요. 엘지 핸드폰은 이렇게 저렇게 하시면 돼요. 한번에 다 기억 못 하시니까 제가 며칠 있다가 다시 또 알려드릴게요."

조용히 계시던 박할머니께서 살며시 손을 들어 이야기하신다.

"정원아, 나는 이거 머 아이폰인가 뭔간데 며느리가 줬는데 전화밖에 못한다."

"아이폰이요? 저도 아이폰은 한 번도 안 써봤는데. 잠시만요."

일단 검색해서 찾아보고 필요한 기능을 알려드렸다. 참 어렵다.

엄청 간단한 일인 것 같지만 여럿 어르신들을 모아서 가르쳐드릴 땐 폰 회사마다 버튼이 다르고 기능이 달라서 세심하게 신경 써야 될 부분들이 있다.

일이 끝난 저녁 시간 마을 회관에서 하는 스마트폰 교육

그렇다고 어르신들께서 많은 기능을 요구하시지는 않는 편이기 때문에 정기적으로 마을 회관에 모여 스마트폰을 다루는 방법을 함께 배워 보곤 한다.

농촌에서는 나 혼자 잘살면 되는 것 같지만 결국 다 함께 같이 사는 것도 중요한 부분이기에 나는 내가 할 수 있는 일을 최선을 다해 해보고자 한다.

간단한 폰 활용법으로 인해 모두가 행복한 하루.

막내는 70살

노인 회관에 잠시 들렀다.

"할아버지, 저 간식 가지고 왔어요."

"어서 온나."

"막내야, 냉장고에 음료수 좀 가지고 온나."

"할아버지! 제가 다녀올게요."

순간 깜짝 놀랐다. 막내라고 부른 할아버지는 엄청 나이가 많아 보이셨다.

"근데 막내 할아버지는 연세가 어떻게 되세요?"

"나는 70이다. 여기서 제일 내가 젊다."

순간 조금 당황했다.

막내라고 칭하시기에 젊으신 어르신을 생각했는데 70살이시라니 놀라지 않을 수 없다.

보통 농촌에서는 청년회 회장님이 40살쯤 되셨다.

농촌의 고령화가 바로 이것이다.

그렇다고 마냥 슬프기만 한 일은 아니다. 어르신들께서 서로 도와가며 함께 나누는 옛 추억과 정이 있기 때문이다.

회관에 모여서 새벽에 보신 뉴스 이야기도 나누시고 옛날에 있었던 삶에 대한 이야기도 나누시고 자녀분들 걱정도 하시고 마을 걱정도 하시고 그렇게 하루를 함께 보내신다.

그러한 모습들이 참 보기가 좋다. 소소함을 함께할 수 있는 누군가가 있다는 그 사실들 말이다.

적게는 평생을 함께해온 동무도 있으시고 50년, 60년을 함께 살아온 분들도 계신다. 그 시간만큼 함께한 추억들이 얼마나 많겠는가.

나도 이 농촌에서 앞으로 50년을 함께할 동무가 생기면 참 좋 겠다.

"우리의 30살 봄날은 이랬지. 32살 겨울은 이랬지."

아직 찾아오지 않은 먼 이야기들을 한번 상상해본다.

햇빛 가득한 봄날 강가에 앉아

밭에서 조금만 차를 타고 올라가면 강이 하나 있다.

일상에 지친 날은 밭일을 하다 말고 강가에 가본다.

엉덩이 붙이고 퍼질러 앉아 땀도 닦고 바람도 느껴본다.

인위적이지 않은 강바람도 좋고 맞은편에 있는 돌도 참 보기가 좋다.

도시 사람들은 이런 자연환경을 보기 위해 먼 외곽으로 나가 힘들게 구경을 하게 된다.

하지만 우린 밭을 갈다 들려오는 새소리를 음악 삼고 바람을 친구 삼아 살아가기에 늘 곁에 있어 굳이 구경을 하러 가지 않아도 된다.

그렇게 자갈밭에 앉아 이런저런 사색에 잠겨본다.
시 한 구절 읊어본다.

그대 앞에 봄이 있다

-김종해

우리 살아가는 일 속에
파도치는 날 바람 부는 날이
어디 한두 번이랴
그런 날은 조용히 닻을 내리고
오늘 일은 잠시라도
낮은 곳에 묻어두어야 한다.
우리는 사랑하는 일 또한 그 같아서
파도치는 날 바람 부는 날은
높은 파도를 타지 않고
낮게 낮게 밀물져야 한다.
사랑하는 이여

상처받지 않은 사랑이 어디 있으랴
추운겨울 다 지내고
꽃필 차례가 바로 그대 앞에 있다

오늘은 왠지 기타나 치는 베짱이가 되고 싶은 날이다. 자연과 함께 노래 부르고 싶은 그런 날. 강바람도 좋고 살랑살랑 부는 바람에 흔들리는 풀 소리도 참 좋다.

지친 하루의 치유적인 특별한 하루.

일하다 힘들어 강가에 앉아 바람을 느끼던 겨울의 어느 날

파밍테라피

겨울왕국입니다

"누나 저 오늘 약속 못 지킬 거 같아요."

"왜 무슨 일 있어?"

"아니, 무슨 일이 있는 건 아니고 우리 동네 눈이 너무 많이 와서 못 나갈 거 같아요."

"여긴 눈 안 오는데?"

"거짓말이 아니고 진짜예요. 영상통화해요."

같은 지역인데 눈이 펑펑 온다. 이게 웬 일.

우리 동네는 맑음인데 참 신기하다.

불과 30분 거리에 살고 있는데 이렇게 다를 줄이야.

"누나 진짜 죄송해요. 나갈 수는 있는데 나가면 못 들어와서 내일 소 밥을 못 줄 거 같아요. 저는 안 먹어도 소 밥은 꼭 줘야 하거든요."

"그렇지, 소 밥이 가장 중요하지."

"우리 동네는 버스도 운행 정지되었어요."

"산골 오지 소년이네. 하하."

이런 날 보면 자연은 참 신비한 것 같다. 우리의 마음대로 되지 않은 일과 우리가 조절할 수 없는 일이 많기 때문이다. 이런 자연과 더불어서 농사를 지을 수 있다는 건 세상 어떤 일보다도 가치 있는 일이다.

눈이 펑펑 온 날 홍시에 얹힌 눈송이들

할매의 분홍 립스틱

"할머니, 어제 부탁하신 휴지 사가지고 왔어요."

"어서 들어온나."

"네, 커피 한잔 주세요~. 할머니 커피 맛있어요."

"그래그래."

할머니는 거울 앞에 앉아 계셨다.

"할머니 뭐하고 계셨어요?"

"아, 내일 동네에서 나들이 간다잖아. 그래서 입술 좀 발라 보려고."

"할머니 그냥 있어도 이쁜데."

"쭈구렁 할마시가 좀 찍어 바르고 해야지. 근데 이런 거 잘 하지를 않아서 루즈도 시원찮다."

"제가 내일 발라 드릴까요?"

"에이구 귀찮다. 젊은이가 맨날 할매들 뒤치다꺼리 하고 안된다."

"귀찮기는요. 할머니들 계셔서 얼마나 재밌는데요. 저 맨날 웃고 다니잖아요."

할머니의 립스틱을 바라보고 있노라니 마음이 좀 아파왔다.

평생을 일하고 자식들 키우느라 자신을 돌보지 못하고 이제 나들이 가려 하니 멀쩡한 화장품이 하나 없으니 말이다.

잘 사용하지 않아 굳어버린 립스틱.

동네 할머니들 생신 때 립스틱 하나 선물해야겠다는 생각을 해본다.

"할머니 제가 립스틱 하나 사드릴 테니까 곱게 바르고 다니셔요."

"에이 됐다, 나갈 곳도 없는데 뭘 바르고 다니나."

"왜요? 마을 회관 갈 때도 바르시고 시장 갈 때도 바르시면 되죠.”

"동네 할마시들이 바람난 줄 알고 욕한다.”

"다 같이 바르시고 다니면 되죠. 하하.”

"마음도 참 착하데이. 우리 동네 참 잘 들어왔다.”

"할머니들께서 잘 챙겨주시니까 저도 늘 도움 받고 이렇게 살도 포동포동 쪘잖아요. 하하.”

"우리 정원이 시집을 얼른 가야 될긴데.”

요즘 대화의 마무리는 항상 시집이다.

그 점이 참 아쉽지만 내가 좋은 사람 만나서 잘사는 모습을 늘 보고 싶으신가 보다.

토네이도가 휩쓸고 간 자리

들판에 가끔 토네이도 같은 돌풍이 불 때가 있다. 특히 내 밭은 길쭉하니 둘러쌓여 있어 바람이 심하게 불 땐 토네이도가 휩쓸고 가기도 한다.

한쪽에 모아놓은 박스며 쓰레기들까지도 밭 한가운데 모이게 된다.

게다가 흙 밭이라 바람이 불고 지나가면 내 얼굴도 온통 모래 투성이가 된다.

모래 싸대기도 이런 싸대기가 없다.

'윙윙위이윙.'

"으악 따가워."

바람에 날리는 모자를 부여잡으며

　드라마에서 김치 싸대기는 봤어도 모래 싸대기는 못 봤을 것
이다.

　이런 날은 모래 싸대기도 따갑지만 정리해놓은 박스나 쓰레
기들이 밭 한가운데로 모여 다시 정리를 해야 하는 귀찮음으로
화가 잔뜩 나기도 한다.

하지만 이 또한 자연이 주는 특별한 일이라 생각하면 화가 풀리곤 한다.

누가 쉽게 경험해보겠는가. 모래 싸대기 토네이도를.

토끼 쫓아가봤니?

    오랜만에 친구들과 한잔 기울이며 어릴 때 이야기를 하게 되었다.

    "○○야, 니 아들 엄청 불쌍하지 않나?"

    "그렇지. 미세먼지다 뭐다 해서 맨날 안에만 있어야 되니까."

    "야, 너네 토끼 쫓아가봤나?"

    "나는 토끼 잡아봤는데."

    "나는 못 잡아봤는데 어릴 때 눈오는 날 뒷산에 동네 언니, 오빠들이랑 나무 막대기 하나 들고 토끼 잡는다고 막 쫓아다녔거든."

    "아주 골목 대장이었구만."

"나는 촌에 살아서 그런지 봄에는 동네 언니, 오빠들이랑 종이 컵 들고 개구리 알 잡으러 가고 그랬어, 근데 신기한 건 뭔지 알 어? 그 동네 언니, 오빠들은 이름도 모르는 그날 막 처음 본 언 니, 오빠들이었어. 언니, 오빠들이 간다고 하면 막 따라갔었다."

"우리도 그렇지뭐. 동네 형들 냇가 가서 수영한다고 하면 따 라가서 수영 배우고, 그래서 남자들이 처음 배우는 게 개혜엄이 잖아."

"지금 생각해보면 굉장히 무서운 일이었는데 그때는 다 그렇 게 지냈네."

"그때는 어느 냇가를 가도 물도 깨끗했고 산도 엄청 깨끗했던 거 같아."

"맞아. 나는 남의 산소 가서 썰매 타고 그랬어."

"맞다. 나도 큰집 가서 언덕 있는데 거기 가서 그 동네 언니, 오빠들이랑 비료 포대에다 썰매 타고 그랬어."

"진짜 재밌었는데."

"근데 요새 애들은 다 키즈 카페에서 놀고 좀 불쌍한 거 같아. 우리 때처럼 재미있는 일은 없겠지."

"걔들도 걔들 나름의 재미가 있겠지 뭐."

어릴 때 추억해보면 동네에 이름 모르는 언니, 오빠들을 따라서 참 잘 다녔다. 새총 만들었던 기억도 있고 개구리 알은 신기해서 컵에 잔뜩 넣어오곤 했었다. 또 한번은 거머리한테 물리면 죽을 수도 있다고 해서 지렁이만 보아도 거머리인 줄 알고 온몸이 바짝 긴장했었던 적도 있었다. 이젠 어릴 때처럼 놀 수는 없지만 농촌에서 자연을 보며 어린 시절을 추억할 수는 있어 너무 좋다.

도시 빌딩 숲 아래 있었다면 추억하지 못했을 어린 날의 추억과 건물 안에서 직장 생활을 했더라면 느끼지 못하였을 자연을 오늘도 감사하게 생각해본다.

20년 뒤 지금을 또 추억할 수 있겠지? 똥 냄새인지 거름 냄새인지 모를 이 향기로움을 킁킁거리며 맡았던 어느 봄날의 밭을 추억하겠지.

동네 스타 미녀농부

텔레비전에 몇 번 나왔더니 모르는 분이 안 계신다.

"저 혹시 미녀농부 아니세요?"

"네? 저 아세요?"

"티비에 나온 거 봤어요. 이렇게 보니까 엄청 신기하네."

"아, 네 감사합니다."

"혼자 농사짓는다구요? 대단하세요."

"저는 조금만 지어서 별거 없어요."

점점 목소리가 기어들어간다. 왜냐하면 화장을 하지 않았기 때문이다.

스타들이 생얼로 안 다닌다는 말이 이런 느낌인 걸까.

첫 방송을 하던 날 메이크업 해주시는 분이 계셔서 몇 가지 팁
을 얻을 수 있었다.

"방송에서는 평소보다 더 진하게 화장을 하는 게 좋아요. 눈도
선명하게 하구요."

"이상하게 나오면 어쩌죠?"

"제가 몇 가지 알려드릴게요. 이렇게 저렇게."

그 이후 촬영이 있는 날이면 평소보다 과하게 화장을 하는 편
이다. 그러다보니 가끔 화면이 더 예쁘다고 이야기하시는 분들
이 계신다.

특히나 텔레비전에 나온 뒤 몇날 며칠은 알아보는 사람들이
많아 최대한 신경을 쓰고 나가게 된다. 나도 모르게 스타병이 걸
렸다.

밭에서 일할 때는 더 곱게 화장을 한다. 왜냐하면 햇볕에 그을
리면 정말 못생겨지기 때문이다. 그래서 최대한 관리하려고 노
력을 한다. 내 직업이 농부이기는 하지만 난 언제나 인간 이정원
이고, 모든 농부가 까맣게 타서 농사짓는 일만 하고 사는 게 아

니라는 걸 알리고 싶기 때문이다. 능력에 따라 농업 대한 강의를 하기도 하고 직장을 다니면서 농사를 짓기도 하고 농업과 연계하여 체험을 하기도 한다. 물론 농부는 첫째도 둘째도 농사를 짓는 것이 기본이기는 하지만 그 개인의 상황이나 역량에 따라 다른 일을 병행하기도 한다.

간혹 방송 출연 이후 악플에 시달리는 사람들도 많이 있다. 나 또한 수많은 악플을 보았으니 말이다. 그 악플에 흔들리지 않는 방법은 단 하나. 내가 지을 수 있는 만큼의 농사를 열심히 짓고, 나머지는 좀 더 잘할 수 있는 일을 하면서 많은 사람들이 농촌에 관심을 갖고 함께할 수 있는 길잡이 역할을 하는 것이다. 이 또한 나의 역할이고 사명이기 때문이다.

스타방이 생겨서 모델 포즈 한번 잡아 보았다

출근하는 짹짹이들

"삐비비빅."

"짹짹짹."

밭에서 일하고 있노라면 늘 비슷한 시간에 독특한 소리로 찾아오는 새들이 있다.

참 신기하게도 늘 비슷한 시간에 와서 비슷한 시간에 떠난다.

"할머니, 쟤들 오늘은 출근했네요."

"새들이 출근한다고?"

"네. 매일 비슷한 시간에 오고 비슷한 시간에 가요."

"니는 뭐 별걸 다 아네."

"일하다보니까 저 새들 소리가 독특해서요."

"새들 소리 들으면 참 좋지."

"맞아요, 저는 새소리 정말 좋아해요. 기분 좋은 연주 듣는 느낌이에요."

"정원이 처음하고 많이 달라졌네,"

"왜요?"

"예전에는 말없이 일만 하더니 이런 거 좋고 저런 거 좋다 이야기도 하고. 예쁘다."

"아 그래요? 근데 농사지으면서 흙 만지고 그래서 그런지 마음이 많이 편안해졌어요."

"우리 아들도 그런 거 알면 좋을 건데."

"사람마다 다르니까요. 근데 저는 진짜 이제 돈 좀 덜 벌어도 이렇게 농사짓고 흙 만지고 바람 느끼는 거 너무 좋아요."

"그러고 보니 표정도 많이 좋아졌네."

"다 할머니가 맛있는 거 많이 해주고 그래서 그렇죠."

"이 늙은이가 해주는 거 맛이 있긴 하나."

"진짜 맛있어요. 다음에 배추전 해주세요."

"맛있게 해먹어보자. 요새 배추가 달달하고 좋더라."

참새는 아닌 이 새들 색도 참 예쁘다. 가까이서 한번 보면 참 좋으려만 워낙 높은 나무에 있어 가까이 볼 수가 없다.

어쩌면 멀리 있어 더 아름다울 수도 있지 않을까 생각해본다.

그리고 오늘도 배추전 한 조각에 하루를 마무리해본다.

농촌에는 왜 이렇게 맛있는 게 많은 걸까? 조만간 뚱뚱보가 될 거 같다.

출근하는 짹짹이들은 사진 찍기가 너무 힘들다. 아마도 새들의 소리가 좋은 것은 함께 살고 있는 다음이 때문이 아닐까. 소중한 나의 가족

시도 때도 없이 우는 닭님들

할머니들 댁 마당에 닭 두서너 마리씩 키우는 집이 많다.

어릴 때 배우기로는 새벽에 닭이 운다고 했는데 요즘 닭들은 시도 때도 없이 우는 것 같다.

왜인지는 모르겠지만 낮에도 울고 밤에도 울고 도무지 시간 개념이 없는 거 같다.

목청은 왜 이리 좋은 건지 참 신기할 따름이다.

그래서 노래 부르기 전에 계란을 먹는 걸까?

또 엉뚱한 생각을 해본다.

낮 시간에 닭이 울면 동네 개들도 다 짖는다. 합창단 같은 느낌이랄까. 새벽도 아닌 낮 시간에 동네 합창단이 열리다니.

"꼬꼬댁 꼬끼오."
"왈왈 멍멍."
"꼬꼬꼬꼬댁."
"냐옹 냐옹."

다시 생각해봐도 너무 웃기는 상황이다. 저 닭들과 대화가 통한다면 얼마나 좋을까? 왜 이 시간에 우는지 물어보고 싶다.

"닭님아, 지금 새벽이 아닌데 왜 울어?"
"왜, 닭은 새벽에만 울어야 해?"
"아니, 그건 아니고. 원래 닭은 새벽에 일어나서 꼬끼오 하는 거잖아."
"정원아, 너만 바뀐 줄 알아? 세월이 흐른 만큼 우리 닭들도 바뀌었어. 우리 일상도 바뀌었다고."
왠지 이렇게 말할 거 같다.
우리 생활이 변한 만큼 동물도 변했겠지.

언제나 적응하는 동물들이
니까.

오늘도 농촌 삶에 적응해
서서히 녹아들어본다.

나무 아래 숨은 닭, 언제나 닭님들은 자유롭다

생명 공학을 실천하는
가장 가치 있는 일

시내에 있는 카페에서 소개팅을 했었다.

"무슨 일 하세요?"

"아, 저는 농사짓는 농부예요."

갑자기 남자분이 주변을 두리번두리번거린다.

"그걸 창피하게 그렇게 크게 이야기하세요?"

"네? 무엇이 창피한 거죠?"

"농부라면서요."

순간 화가 났다. 나도 모르게 테이블을 탁 치며 이야기했다.

"그쪽은 밥 안 먹고 사세요? 지금 그쪽이 드시고 계시는 이 블루베리 에이드에 있는 블루베리도 어느 농부가 열심히 농사지어서 수확한 걸로 만든 거예요. 농부는 부끄러운 직업이 아니고 생명 공학을 하는 대단한 사람들입니다."

이 말을 남기고는 자리를 박차고 카페를 나왔다.

고등학교 수업을 가면 아이들이 항상 하는 이야기가 있다.

"친구들이 농고 다닌다고 놀려서 부끄러워요."

"왜 농고 다닌다고 놀려?"

"그냥 부끄럽대요."

"얘들아, 너희도 어떤 계획이 있어서 이 학교를 오게 되었을 테고 농사를 짓겠다고 생각했을 텐데 부끄러워하지 마. 농업을 하는 너희들은 생명 공학을 하는 대단한 사람들이야. 우리가 안 먹고 살 수 있니? 사람이 최소한의 생명을 유지하기 위해선 먹어야 해. 그 먹는 걸 생산하는 게 우리들이고 너희는 대단한 일을 하는 대단한 사람들이야. 결코 없어서는 안 될걸."

나는 농부는 생명 공학을 하는 사람들이라고 늘 이야기한다.

우리가 많이 먹든 적게 먹든 항상 먹어야 살 수 있기 때문이고, 씹고 맛보는 즐거움은 그 어떤 것으로도 대체할 수 없기 때

농업계 고등학생들과 수업이 끝난 날

문이다.

　배고픔을 대신할 수 있는 캡슐이 나온다는 이야기도 있었지만 그 캡슐이 배고픔은 달래줄지언정 우리의 먹는 즐거움을 대신해줄 수는 없을 것이기에 개발이 된다고 해도 별 의미가 없지 않을까 하는 생각이 든다.

　필수 영양소를 영양제로 섭취하면 건강하게 살 수 있을지는 모르지만 영양소만 알약으로 채운다고 삶이 만족스럽겠냐는 이야기이다. 영양제로 채울 수 없는 많은 영양소가 자연에 있음을 알리고 싶다.

농촌형 사회적 경제를 꽃피우다

사회적 경제 기업? 좋은 일하는 기업들?

사회적 경제가 무엇인지. 사회적 기업이 무엇인지. 그저 궁금함과 공부하고 싶고 알아가고 싶은 마음, 이제 막 시작한 사업에 도움이 될지도 모른다는 생각으로 2016년 사회적 기업과 육성사업에 지원하였다. 사회적 기업과 육성사업 팀으로 선정이 되었을 때 농촌을 배경으로 한 나의 많은 아이템들이 실현 가능성을 인정받았다고 생각하여 매우 기분이 좋았다.

하지만 한 달 남짓, 사업은 계획처럼 쉽지 않았고 사회적 경제를 이해하면서 하기에는 너무 벅찼으며, 농촌과 농업 그리고 사회적 경제를 묶는 것도 더더욱 어려운 일이었다. 사회적 경제에 대한 그림이 너무 컸던 터라 사업과 사회적 경제 두 마리 토끼를 잡기에는 역부족이었다. 심지어 나는 두 가지 다 초보였으므로. 육성사업을 포기해야 될까, 사업 방향을 바꾸어야 될까, 수만 가지 고민을 했다. 그런 고민을 하면서 밭일을 하던 어느 날 동네 이웃 할머니께서 주신 시원한 커피 한잔이 모든 상황을 다르게 만들었다. 사회적 경제를 왜 특별하게 생각했을까? 우리가 농촌에서 어울려 지내며 공동체가 회복되고 서로 안부 인사 나눌 수 있는 사이가 되면 그게 사회적 경제일 텐데. 특히 고독사가 많은 요즘 동네 어른들께 안부 인사 한번, 밭일하며 시원한 음료 한잔 나누며 살아가는 이야기하는 것이… 우리의 단순한 일상이… 이러한 일들을 통해서 농촌의 공동체가 회복되는 것이 사회적 경제인데 말이다.

농촌 문화 놀이터

한번 해보고 싶었다. 농촌에서 우리가 재밌게 살아가는 모습, 젊은이들과 어른들이 어울려 살아가는 모습을 보여주고 싶었고 그 모습을 통해 성장하고 성공을 하고 싶었다.

그래서 물건을 팔기만 하는 것이 아니라 문화를 함께 만들어 보자 하여 동네 어른들을 찾아뵈며 매일 2~3시간씩 이야기를 나누기 시작했다. 할머니가 이곳까지 시집을 오게 된 이야기부터 큰아들 작은아들 며느리 손자 이야기, 할아버지와 결혼하게 된 이야기, 이 농사를 짓게 된 이야기 등등 삶이 녹아 있는 이야기를 들으면서 사업을 위한 미녀농부가 아닌 자연스러운 농촌 사람으로 녹아들었다. 인위적으로 인사하던 모습도 점점 사라지고 그냥 할머니, 할아버지의 손녀처럼 그렇게 자연스러워졌다. 동네 할머니들과 마을 회관에서 옛날과 많이 변화된 농촌의 모습, 농사 기술을 이야기하고 할머니들이 사용하기 어려운 스마트폰 교육도 함께 하고 우리 지역과 다른 곳에 농작물은 무엇이 있는지 견학도 갔다. 그렇게 작은 변화들이 농촌 문화를 만들었다.

농촌 큐레이터 미녀농부

사랑방 미녀농부 텃밭. 청년, 장년, 고령의 나이를 불문하고 미녀농부 텃밭에 둘러앉아 스타벅스 커피를 한잔 마셨다. 어른들이 새로운 커피 맛에 어린아이처럼 미소 지으셨다. 그래서 미녀농부 카페에 스타벅스 원두를 가지고 와 커피를 나누기 시작했다. 어른들과 스타벅스 커피와 청년들의 문화, 지구 반대편 나라 일들까지 자연스럽게 대화의 장이 열렸다. 그 흔한 스타벅스지만 우리 지역에선 흔하지 않기도 했고 익숙하지도 않았기에 모든 것이 새로웠다. 할머니들이 물으신다. 다음에는 어느 커피가 오는지. 상추가 너무 많아 상추를 먹기 위해 고기 파티를 할 즈음엔 각자 집에 있는 농산물, 반찬 등을 들고 사랑방으로 모이며 지금 어려운 점 그리고 앞으로 우리가 농촌에서 해야 할 일들을 이야기하며 삶을 나누고 있다.

청년, 장년, 고령 어느 누구의 나이를 생각지 않고 자연스럽게 나누며 사회적 경제를 배워 나가고 있다. 공동으로 농사짓는 곳에서는 매년 농산물을 팔아 연말이나 연초에 생활이 어려우신 분들께 쌀, 연탄, 라면 등을 나누며 나눔의 가치를 행동으로 실천하고 있다. 사회적 경제는 멀리 또 어려운 곳에 있는 것이 아니라 우리, 바로 내 곁에 있다는 것을. 도시의 사회적 기업 열 군데가 하는 일을 농촌의 사회적 기업 한곳이 다 하고 있는 멀티플레이어 쉼표영농조합, 그곳이 내가 일하는 곳이다.

'tbc 굿데이프라이데이_ 미녀농부, 창농의 싹을 틔우다' 지역 청년들과 함께 출연

감자 이 녀석 눈을 뜨거라

봄이 되기 전, 감자를 심기 위해 우선 감자 눈을 찾아야 한다.

눈을 찾아 자르고 감자를 심어야 한다.

"감자 이 녀석 어서 눈을 뜨거라."

"난 눈이 작다고."

"아이참, 이 녀석은 눈이 두 개뿐이네. 네 개는 되어야 하는데."

"내 눈이 어때서."

감자가 화를 낸다.

감자 심기 전 감자와 눈싸움을 할 때면 그저 재미있다.

감자는 눈을 숨기기 위해 요리조리 내 눈을 피해보지만 매의

눈을 가진 미녀농부의 눈을 피할 수는 없다.

"요기 있네. 눈을 찾았다! 이 녀석은 눈이 참 크구나."

"눈 크다고 다 예쁘게 자라는 거 아니거든."

감자 눈을 차별하면 감자들이 화가 단단히 난다.

"지금 이래도 크면 엄청 예쁠 거라고. 그때 후회하지 마."

"그래그래, 작은 눈 감자든 큰 눈 감자든 예쁘고 튼튼하게 자라라."

감자싹을 눈이라고 한다. 눈을 찾아 자른 다음 심어줘야 감자가 자란다

감자 눈을 찾는 일을 하다 보면 곧 봄이 오는 소리가 들리는 것 같다. 감자 눈을 찾는다는 건 곧 봄이 온다는 이야기이기도 하고 일을 엄청 많이 해야 하는 일의 시즌이 다가온다는 이야기이기도 하다.

올해도 예쁘고 튼튼한 감자를 만나기 위해 열심히 눈을 찾아본다.

인생의 시계는 사람에게도 자연에게도 제각각 흐른다

가끔 게으른 농부의 모습이 도움이 될 때가 있다. 특히 올해의 경우 그랬다. 밭 장만이 늦어지는 바람에 파종도 늦어졌다.

수확을 못할까 조마조마하면서도 이미 늦은 시간을 되돌릴 수 없어 늦으면 늦은 대로 마음을 다잡기로 했다.

씨앗 파종은 처음이라 매일 물을 주면서도 새싹이 올라오지 않아 매일 마음을 졸이고 또 졸였다.

"왜 물을 주는데 새싹이 안 올라오지?"

매일 아침 밭에 가면 가장 먼저 하는 일은 물을 주고 땅을 살펴보는 것. 저녁에 일을 끝내고 집에 가기 전 늘 밭에 물을 주고 새싹이 올라왔는지 살펴보는 것이 일상의 가장 큰일이고 잊으면 안 되는 일이 되었다.

그러던 어느 봄날, 때아닌 한파가 찾아왔다. 추워도 너무 추워 다시 패딩을 꺼내 입었다. 며칠이 지나도 나의 새싹은 올라오지 않았다.

그렇게 봄날의 한파가 끝나고 이틀 뒤쯤 기다리던 새싹이 올라오기 시작했다.

"우와와와 이럴 수가!!!"

혼자 감탄하며 호들갑을 떨던 그때 동네 할머니 두 분이 밭에 놀러오셨다.

"싹 올라왔네. 저 아래 할마시네는 추워서 고마 올라오다 다 죽었다 카드라."

"일찍 파종하셔서 그런 거 아니에요?"

"일찍이 아니고 원래대로 했는데 날씨가 갑자기 그래 됐지 뭐."

"저는 늦게 심어서."

좀 머쓱하긴 했지만 때론 정해진 시간을 따르지 않아도 또는 지키지 않아도 될 때가 있다.

고등학교에 수업을 갈 때면 늘 아이들에게 하는 이야기가 있다.

"인생의 시계는 누구에게나 다 다르게 움직인다. 누구에게는 빠르게 움직이기도 하고 또 다른 누구에게는 느리게 움직이기도 한다. 그러니 움직이는 속도에 휘둘리지 말고 진짜 행복한, 즐거운 인생의 시계를 가져라."라는 이야기를 꼭 해준다.

공부를 잘하는 학생도 있고 못하는 학생도 있고 습득이 빠른 친구도 있고 늦은 친구도 있다. 공부를 못하고 습득이 늦다고 해서 결코 우리의 인생이 실패하거나 나쁜 것은 아니다.

그렇지 아니한가. 누구나 같지 않기에 비교도 필요 없다. 오르막이 있으면 내리막도 있고 비포장 길도, 포장길도 있어야 인생의 재미도 있다. 매일 좋기만 한 삶이 과연 행복할까? 오늘 비가 오더라도 우리 인생의 봄날은 꼭 올 테니 말이다.

자연의 바람도 날씨도 우리의 마음대로 할 수 없는 것처럼 인생의 시계도 그런 거 아닐까 싶다. 올해처럼 늦어졌지만 늦은 게 득이 될 때가 있듯이 말이다.

자연도 우리의 삶도 이러했으면 좋겠다.

"실패해도 괜찮아.

느려도 괜찮아.

다만, 온전하게 살아가기.”

올해 농사를 짓지 못하더라도 땅을 온전하게 살리는, 진짜 땅
에서 살아나오는 영양분으로 싹을 틔우고 나무가 자라는 그런
자연 말이다. 맨발로 흙을 밟으면 건강해지는 것처럼 그렇게 자
연과 우리가 같이 온전하게 살아가기를 오늘도 바라본다.

그 흔한 감나무의 홍시들

텃밭도 없고 농사에 ㄴ자도 몰랐던 첫해 상주에는 감 농사가 풍년이었다.

너무너무 풍년이어서 감을 안 따는 사람들도 많이 있었다. 때마침 어릴 때부터 뵈었던 동네 할아버지께서 감을 몇 박스 갖다주시면서 필요하면 밭에 감을 다 따가도 된다고 하셨다.

아무것도 없는데 이게 웬 횡재인가 싶어 곶감 만드는 방법을 찾고 동네 할머니들께 조언을 받았다.

때마침 사촌 형부네도 놀러와 감 따는 일을 도와주기로 했다.

처음 해보는 감 따는 일. 나무에 올라가서 감을 따는 줄 알았는데 그게 아니었다.

밭 주인 할아버지께서 방법을 알려주셨는데 정말 신기했다.

만화 캐릭터가 놀랐을 때 나오는 표정을 지었다, 입을 벌리고 눈을 동그랗게 뜬 그런 표정.

나무 아래 좀 폭신한 매트를 깔고 장대로 나무를 흔들면 신기하게 감들이 눈송이처럼 매트 아래로 떨어졌다. 그걸 주워 상자에 담으면 되는 일이었다.

감나무는 나무가 오래되었어도 약하기 때문에 절대로 나무에 오르지 말라고 신신당부까지 해주셨다.

양파 자루 같은 것이 달린 장대 위에 감을 올리고 살짝 돌리면 자루 안으로 쏙쏙 빠져, 높은 곳에 있는 감까지 남김 없이 감을 딸 수 있었다.

그렇게 종일 감을 100박스 정도 따고 일부는 홍시를 만들고 일부는 곶감을 만들 준비를 했다.

그날 저녁 형부와 언니, 조카와 상주 시내 구경을 하며 드라이브를 하였다.

"처제, 저기 저 집은 왜 감을 하나도 안 땄어?"

"아, 올해 감이 너무 풍년이라 가격이 안 나와서 집집마다 안 땄어요."

"신기하네. 강원도에는 감나무 보기가 힘들어서 저렇게 안 딴거 보니까 아깝다."

"여긴 감이 흔해요."

"처제, 여기 상주 시내 맞아?"

"네. 왜요?"

"아니 시내에 가로수가 왜 감나무야? 근데 저기 있는 홍시는왜 아무도 안 따?"

"글쎄요. 저거 따먹는 사람 아직 본 적 없는데요."

그렇다. 상주의 가로수는 감나무이고, 가을 끝자락에 보면 홍시가 대롱대롱 달려 있는 걸 흔하게들 볼 수가 있다.

늘 어릴 때부터 봐와서 신기한 줄 몰랐는데 흔하게 보기 어려운 사람들에게는 그 감나무가 그렇게도 신기한 것이었다.

그렇게 몇 년이 지나도 형부는 가끔 그 가로수에 달린 홍시는아직도 안 따먹는지 묻곤 한다.

감이 익어가는 자연의 모습을 보고 있으면 참 신기하다. 겨우내 잎이 다 떨어지고 앙상한 가지만 남았다가 봄이 되면 초록 싹이 올라와 여름이 되면 잎이 푸르르게 무성해지고, 감의 알이 차커지기 시작하면서 서서히 붉게 물들어 가을에 수확을 하고….

자신의 키보다 몇 배는 더 긴 장대를 가지고 감을 따겠다고 나서는 조카의 모습

그렇게 우리들에게 맛있는 홍시, 곶감, 식초 등등 입을 자극시키는 달콤함으로 가득 차게 된다.

올해는 봄, 여름, 가을, 겨울이 지나면 달달한 감을 먹을 수 있겠지. 또 그렇게 자연은 흐르고 감나무와 나는 나이를 먹어가겠지.

왕관을 쓰고 싶다면,
그 무게를 견뎌라

셰익스피어의 '왕관을 쓰려는 자 그 무게를 견뎌라'를 나는 참 좋아한다.

어릴 때부터 책임감에 대한 무게를 가지고 있어서인지 노력하면 결실을 얻을 수 있기 때문인지는 모르겠지만 어릴 때부터 좋아했고 지금도 좋아한다.

나는 자연 앞에서도 그 왕관의 무게라는 것에 대해 많이 고민하곤 한다.

아무리 좋은 묘목이라도 농약이 가득한, 영양이 없는 땅에서는 나무가 잘 자랄 수 없다.

농사도 인생도 언제나 무게를 견뎌야 하는 일들이 수두룩하다.

영양분이 없는 엉망인 땅이라도 한해 농사 잘 짓겠다고 좋은 묘목심고 나무 위에 영양제를 많이 주면 열매는 맺히겠지만 결국 그 열매에 진짜 좋은 영양분은 없다.

그래서 많은 농부들은 땅을 가장 먼저 살리기 위해 노력을 한다. 때론 휴경지처럼 보이지만 땅을 살리기 위해 클로버를 일부러 심어 갈아엎고 또 클로버를 심어 갈아엎고를 반복한다. 자연적으로 회복할 수 있는 시간을 충분히 주고 자연 그대로 회복할 수 있도록 한다.

왕관의 무게가 아니라 왕관의 반짝임만을 바라는 사람들에게 이런 행동은 시간 낭비이자 쓸데없는 행동으로 보여지기도 하지만 왕관의 무게를 견디려는 이들에게는 아주 기본이자 중요한 일이다.

농부이면서 회사 대표이기도 한 나는 회사에서도 왕관의 무게를 견뎌야 한다. 회사 대표라면 마음대로 다 할 것이라고 생각하겠지만 남들 쉴 때도 일하고 일할 때도 일하고 회사가 커져가는 만큼 관리하고 지켜야 될 것이 많아지기 때문에 그 무게는 점점 무거워진다. 이 무게를 유연하게 잘 견디려면 노련미를 가져야 한다.

농부일 때도 땅을 지키기 위해서 가장 먼저 그 무게를 견뎌야 하지만, 자연과 더불어 살아가기 위해서 우리 역시 그 무게를 견뎌야 한다.

이번 코로나19로 인해 사람들의 활동과 공장 가동이 줄어들면서 자연의 변화가 나타났다는 뉴스를 볼 수가 있다. 돌고래들이 우는 것이 아니라 돌고래들끼리 대화를 하고 동물들이 자연스럽게 풀밭에서 뛰어놀기도 하고 늘 미세먼지 때문에 보이지 않던 만리장성이 보이기도 한다고 한다.

우리가 그동안 자연이 주는 왕관의 무게를 견디지 않고 왕관의 무게만 키워왔기 때문에 자연이 주는 경고는 아닐까 생각을 해본다.

전 세계가 이번에 아주 힘들었지만 이를 계기로 자연이 주는 소중한 왕관의 무게를 잘 생각해보면 좋겠다.

나도 자연을 통해 받은 행복과 나눔, 그리고 배려를 다시 자

연에게 돌려주기 위해 많은 노력을 하고자 한다. 자연 파괴를
줄이고 자연이 주는 순수함으로 농부의 마음을 전할 수 있도록
말이다.

자연과 우리의 생명의 다리

농부는 단순히 농산물을 수확해서 파는 사람들일까?

농부라고 하면 다들 밭에서 흙 묻은 장화 신고 일하는 사람들을 떠올린다.

농부는 무엇일까? 단순 직업의 하나일까?

내가 생각하는 농부는 자연을 기획하는 사람들이 아닐까 싶다.

농산물을 어떻게 건강하게 키워 소비자의 밥상으로 전달할 수 있을까? 어떤 방식으로 농사를 짓고 어떤 작물을 선택해야 될까? 열심히 농사지었으니 나도 먹고 살아야 되는데 이걸로 내

생계 유지를 할 수 있을까? 어떻게 포장해야 될까? 어디다 팔 수 있을까? 소비자에게는 어떻게 알릴 수 있을까?

이 모든 것을 농부가 직접 고민하고 시작해야 된다.

우선 내가 키우고 싶은 작물을 고민해보고 내 농지에 그 작물이 자랄 수 있는지 조사한 다음에 어떤 단위로 포장하고 어떤 방법으로 소비자들에게 전달할지를 고민한다. 또 농지에 어떤 간격으로 심고 언제 심어서 관행농으로 할지 유기농으로 할지를 결정 후 어떻게 관리하고 수확할지까지 충분히 고민하고 조사해야 한다.

가끔 아무 땅에 아무거나 심어도 잘 자라지 않느냐고 질문하기도 한다.
나도 다 직접 키워본 것은 아니지만 새로운 작물을 심을 때는 충분히 조사해본다.
찰땅에 잘 자라는 것이 있고 모래땅에 잘 자라는 것이 있고 돌 틈 사이에 잘 자라는 것들이 있다. 물론 이 모든 것을 배제하고 인공적으로 할 수는 있지만 자연과 소통하여 자연의 소리를 들고 그에 맞는 작물을 심어 농사를 짓는 것이 자연의 이치이고 순리이다.

한번은 새로 얻은 밭에 산마늘을 재배해보려고 알아보았더니 산마늘은 물 빠짐과 통기성이 좋은 땅이어야 하고 줄을 맞춰 충분한 간격으로 심어야 한다고 해서 다른 작물을 고민해 보았다. 키우는 건 무엇이든지 어렵겠지만 일단 땅의 사정을 살펴야 하기 때문이었다. 일단 내가 가진 땅은 물 빠짐이 잘 안되고 진흙 땅이었기에 산마늘이 자라기에는 적합하지 않았으며 또 간격을 맞추기에도 무리가 있는 땅이었다.

단순히 흙에 씨앗 뿌리고 관리해주는 것이 농부가 아니다. 많이 알아보고 공부하고 배우고 충분히 이해하고 또 자연을 이해시켜야 한다.

이런 일들이 자연을 통해 인간에게 생명의 다리를 놓아주는 농부의 역할이다.

자연의 소리를 들어주는 사람,

자연과 더불어 힘을 합쳐 농산물을 수확하는 사람,
자연에게 자연 관리를 위임받은 관리자,
자연이 주는 땅과 바람, 비를 이해하는 과학자,
자연을 기획하는 기획자, 그것이 농부이다.

우리 집 세 놓습니다.
보고 가세요

해마다 집 곳곳에 제비가 집을 짓고 알을 낳고 새끼를 키워 떠나곤 한다.

요즘은 환경이 많이 좋지 않아서인지 해마다 제비들이 옛집을 찾아온다.

원래 제비는 한해 사용한 집은 다시 사용하지 않는다고 했는데, 이상하게 요즘은 제비들이 해마다 같은 제비집에 찾아온다. 작년에 왔던 그 제비인지는 알 수 없지만 예전만큼 집 짓는 사정이 좋지 않은 건 확실하다.

그런 제비의 모습을 잘 살펴보면 여러 집을 반복해서 드나들고 구멍난 곳을 보수하여 터를 잡는다.

"여보, 이 집은 어때?"

"그 집은 빛이 좀 덜 드는 것 같아. 내가 저쪽 집 봤는데 그쪽 집 한번 보러 가자."

"여보, 이 집은 구멍이 좀 났네, 이거 보수하면 충분히 아이들 키울 수 있는데. 당신은 어때?"

"보수하려면 며칠 걸리니까 당신 몸도 무거운데 좀 쉬고 있어."

[비비비빅 삑삑비비비]

정말 이런 대화인지는 모르겠지만 해마다 찾아와 집을 드나드는 제비를 보고 있노라면 이러한 소리가 들리는 듯도 하다.

며칠 지켜보니 보수하던 집에 보수가 잘 안되었는지 옆으로 집을 옮겨 터를 잡은 제비도 보았다.

이런 제비를 지켜보던 아빠가 집 안에서 알이 떨어지지 않도록 받침을 해주고 앞쪽에 제비들이 편하게 쉴 수 있도록 줄도 걸어주었다.

그리고 창고 안에 집을 지어놓은 제비네 가족도 있어 제비가 떠날 때까지 창고 문을 훤히 열어 놓았다.

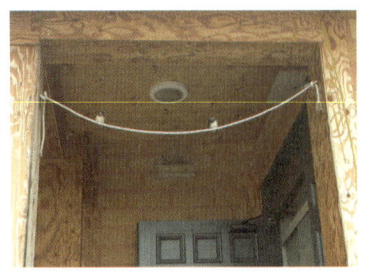
늘 찾아오는 제비를 위한 아빠의 배려

새들은 풍수지리에 능하다고 한다. 새들이 집을 짓는 곳은 수맥이 흐르지 않고 좋은 곳이라고 한다. 어쩌면 우리 집이 터가 좋아 늘 제비들이 찾아오는 것 같기도 하고 아빠의 사랑이 반가워서 찾아오는 거 같기도 하다.

현관문 앞에 제비가 집을 지어놓은 덕에 우리 가족은 '조용히 문을 열고 닫고 현관 앞에서 떠들지 말라'는 아빠의 엄명을 받았다.

요즘은 새들이 도시에서 마땅히 집을 지을 곳이 없어 베란다 구석에 알을 낳는 등 예상치 못한 곳에 알을 낳아 키우는 일들이 많이 생긴다고 한다.

까치들도 나무 위에 집짓는 것이 여간 힘든 일이 아니어서 집짓기를 실패하는 경우가 많다는 이야기를 듣기도 했다.

해마다 제비들이 편하게 집을 지을 수 있는 자연이 되면 좋겠다.

다른 건 몰라도 농약, 제초제 사용을 하지 않고 최소한의 자연을 지켜야겠다.

내 호미로 옥수수도 캐고
너희 뒷마당 돈도 다 캐낼 거야~

　방탄소년단 노래에 나온 농기구, 미국 아마존에서 '혁명적 원예용품'이라고 하면서 '이것을 쓰기 전에 정원을 어찌 가꿨는지 의문'이라고 할 정도로 극찬을 받은 것이 바로 '호미'이다.

　나도 처음 농사를 짓게 되면서 가장 먼저 가지게 된 농기구가 호미였고 없어서는 안 되며 소중하리만큼 중요한 것이 호미였다.
　호미 다루는 것을 가장 먼저 익혔고 호미로 이런저런 일들도 만능으로 하였다.
　요즘 농사는 보통 기계로 다 지을 것 같지만 손으로 직접 해야 하는 수작업들이 반드시 꼭 필요한 게 현실이다.

특히 할머니들은 작지만 없어서는 안 될 이 호미를 오래도록 사용하고 계신다. 호미의 손목이 간당간당해져도 버리지 않고 꽁꽁 묶어 또 사용하고 밭에 갈 때는 분신처럼 꼭 호미를 들고 가신다.

얼마 전에는 이 호미가 언제부터 있었기에 우리의 농사를 윤택하고 수월하게 해주는 것일까 궁금하여 찾아보았다.

"호미는 7세기 전후 등장한 농기구이다. 고려와 조선을 거치면서 날의 형태가 지역에 따라 다르게 발전했고 대표적인 농서인 『농사직설』에는 '호미 끝에서 백 개의 알곡이 생겨난다'는 기록이 있고 『금양잡록』에는 '한해의 주리고 배부름이 호미질에 달려 있으니 호미질을 어찌 게을리할 수 있으랴"라는 기록이 있다.

-클릭 재미있는 역사, 2019년 5월 22일 수요일, 동아일보

위에 기록들이 딱 맞는 것 같다. 호미질을 게을리하면 농사를 망치기도 하고 호미질을 잘하면 그해 농사에 풍년이 생긴다. 무성한 풀들도 호미질 한번으로 사라지고 깨끗한 밭을 만들 수 있

기 때문이다.

작지만 그 어떤 농기구보다 강한 힘을 가진 호미.

잡초 제거, 땅파기, 흙덮기, 고구마 캐기, 골 만들기, 돌 캐기, 옥수수 캐기 등등 없어서는 안 될 만능 농기구이다.

그것뿐만 아니라 할머니들과 호미질하며 밭일을 할 때면 농사의 역사, 할머니들의 삶에 대한 이야기, 자식들을 키우며 동네에 터잡은 이야기 등 낡은 호미만큼이나 오래된 옛 이야기들을 듣고 나누게 된다. 그럴 때는 힘겨운 밭일도 수월하고 이야기들도 너무 재미있다.

"내 옛날에 여 시집 와가 이 동네 돌담이 얼마나 예뻤는지 모른데이."

"여기 돌담이 있었어요?"

"담장 무슨 사업하면서 담장으로 바꿔서 그렇지 여기 제주도보다 이쁜 돌담들이 엄청 많았다. 집집마다 돌담이었는데 옛날에 어린 마음에도 그게 그렇게 예뻤다."

"인자 저 집에만 돌담 남아 있지. 옛날 그 모습 다 어디 가고 없네. 세월이 그렇게 됐다."

"나도 이제 쭈구렁 할마시 다 되고 손자들도 다 크고 세월이

쏜살같네."

　오늘도 호미를 옆에 차고 옥수수도 캐고 돈도 캐러 밭으로 향
해본다.

풀이 자라는 만큼
농사가 잘되면 좋겠네

밭이며 길가며 풀은 왜 이리도 잘 자라나는 건지 도무지 알다가도 모를 일이다.

풀을 뽑고 있는 나에게 오늘은 노인회장님께서 말씀하신다.

"풀 자라나는 만큼 농사 잘되면 걱정도 없겠다."

"그죠? 풀은 왜 이렇게 잘 자라는 거예요?"

"아무 데나 잘 자라고 아무것도 안 해도 잘 자라고."

"뽑아도 너무 금방 나요."

"아주 몸쓰리난다."

정말 풀이 자라나는 만큼 농사가 잘되면 참 좋겠다.

풀은 그냥 두어도 뿌리도 깊고 넓게 잘도 자란다.

도대체 왜 그런 것일까?

"풀아. 넌 왜 그리도 잘 자라는 거니?"

대답 좀 해주면 좋겠다.

내가 풀을 뽑고 있노라면 제초매트를 깔라고들 많이 이야기
하신다.

제초매트를 깔면 깔끔하고 풀도 자라지 않아서 참 보기 좋다.

하지만 그 제초매트도 어느 공장을 열심히 돌려 만든 것이므
로 우리 자연을 훼손하는 일 중 하나이지 않을까 하는 생각이 들
어 조금 고단하지만 풀을 뽑고 흙을 보기로 했다.

제초매트를 덮으면 흙을 볼 수 없으니 말이다. 자연을 보고 느
끼고 만지고자 농사를 짓기로 했는데 풀 때문에 흙을 보지 못하
는 건 꽤나 슬픈 일이 될 것 같다.

한 가지 바라는 것이 있다면 풀이 조금만 천천히 자라주면 참
좋겠다.

이것은 앵두인가 자두인가

　얼마 전 체리 나무를 심었다. 체리 나무를 심어 놓은 곳에 동네 할머니들이 모여 무슨 이야기를 나누고 계시기에 가보았다.

　"이거 자두 나무다."
　"아이다 이거 그 앵두 나무다."
　"아이다 이거 그 체리 그거다."
　"앵두 맨치로 생깄는데."
　"할머니, 이거 체리예요. 얼마 전에 친한 동생이 줘서 한번 심어봤어요."
　"근데 이거 키가 너무 크다."

"그래 이거 안 잘라주면 키만 크고 열매 따먹기도 힘들다."

"아, 그래요?"

"저기 감나무처럼 안 잘라주면 키만 멀대같이 크지."

"내가 감나무 첫해 농사지었을 때 아무것도 몰라가 그냥 키웠더니 키만 커가지고 나는 짜리몽땅해서 키도 안 자라는데 나무만 커가 몇 년을 고생했는지 모른다."

"그래, 여기 할마시가 나무는 잘 키운데이."

"그래, 내가 농사만 40년 지었어."

"이 할마시가 감나무는 억시 잘 키우고 잘 하지."

"근데 이 체리 키우기 힘들데이. 열매 달리면 새들이 쪼아 먹고 달콤하니까 또 쪼아 먹고."

"단건 새들이 더 먼저 알아 차려가 한눈팔면 다 먹어뿐다."

"또 천지도 모르고 하다가 체리 구경도 못하고 키만 키울 뻔했네요. 동네 할머니들 안 계시면 저는 어떻게 농사지었을지 싶어요. 오늘 좋은 거 가르쳐주셨으니까 제가 점심 해드릴게요~. 조금 있다가 오세요."

"그래 우리 맛있는 거 얻어먹자."

심을 줄만 알았지 관리법은 도통 몰랐다.

나무가 어느 정도 자리를 잡을 때까진 지주대로 똑바로 지지를 해주고 60cm 정도로 커트를 해주었다.

농촌에서는 어른들 말을 잘 들으면 자다가도 떡이 나올 때가 많다.

지금처럼 천지도 모르고 그 냥 뒀다가 키만 키워서 열매 하 나 구경 못하게 될 때가 있다.

키가 멀대같이 큰 논란 속의 체리나무

새로운 농사 기술이 많이 나와 어르신들이 맞추기 어려울 때도 있지만 옛 어른들의 연륜만큼 큰 기술도 없다. 꼭 새로운 기술만이 농사를 성공적으로 만들지는 않는다.

언제쯤 초보 농부 딱지를 뗄 수 있을까. 내년에 또 다른 거 심으면 또 헤매겠지?

우리 어른들이 40년 농사 경력을 가진 것처럼 나도 40년 경력을 가지면 잘할 수 있겠지?

이제 겨우 걸음마 뗀 5년차 초보니까.

기도 들어주는 나무, 동수나무

밭으로 출근하는 길, 동네 아주머니 한 분이 입구에 있는 나무에 술을 붓고 기도를 하고 계셨다.

늘 농촌에 살기는 했지만 시내 같은 농촌이라 그런 장면은 본적이 없었다.

동네를 지키는 수호신 같은 존재랄까.

집안에 좋은 일이 있거나 또 중요한 일이 있을 땐 나무 신에게 감사 인사도 하고 기도도 올리곤 한다.

아주 오래된 큰 나무라서 나무 옆 정자에 그늘을 마련해주기도 하고 동네를 지나는 어른들의 안부를 나누는 사랑방 같은 공간이기도 하다.

동네 어른들께 여쭤보니 일 년에 한 번은 꼭 작게 음식을 마련하여 동네를 지켜주는 나무 아래에 모아두고 동네 사람들이 기도를 올리곤 한다고 하셨다.

그냥 흔한 나무인 것 같지만 동네마다 동네를 지키는 수호신 같은 나무들이 있다. 그 동네 사람들의 나이보다 훨씬 많고 동네의 역사보다 오래된 그런 나무들 말이다. 지금은 없어진 동네들도 많이 있지만 어떤 동네에는 나무에 이름이 붙어 마을과 함께 오래도록 수호신 역할을 하는 나무들도 있다.

어릴 때는 큰집에 가면 마을 입구에 자리 잡아 길 한복판을 막고 있는 커다란 나무가 그저 불편하고 불필요해 보였지만 이젠 그 나무의 감사함을 알 것 같다. 여름날 길을 가다가 더우면 나무 아래에서 땀을 말리기도 하고 동네 사람들과 안부를 주고받으며 물 한잔 나눠 마시기도 할 수 있는 그런 중요한 공간이라는 것을 말이다. 나무가 말을 하지 않아 그렇지 우리들의 이야기를 듣고 늘 토닥여주고 있지 않을까 하는 상상도 해본다.

마을 입구를 지키는 동수나무와 돌담

그 큰 나무에 가지 하나하나 사연을 담고 있겠지?

누구 집 아들이 잘돼서 감사 인사를 듣기도 했을 테고, 누구 집 어른이 편찮으셔서 낫게 해달라는 기도도 들었을 테고, 누구 집 아들 낳게 해달라고 하는 간절함도 들었을 테니 말이다. 어쩌면 나무에 동네 모든 즐거움과 아픔, 희로애락을 담고 함께하고 있겠지.

나도 나의 간절함을 담아 나무를 붙들고 기도해본다.

어린이가 되고 싶은 날

나는 외할아버지와 외할머니 사랑을 많이 받았다.

월급날이면 간간이 할아버지께서 좋아하는 요플레와 바나나를 사서 퇴근길에 들러 할아버지와 이런저런 이야기를 나누다 집에 가곤 했다.

특히 4월이나 5월이 되면 할아버지께서는 나에게 늘 용돈을 주셨다.

"할아버지, 저 왔어요."

"그래 왔나. 바쁜데 뭐 하러 왔어."

"할아버지 보고 싶어서요. 요플레랑 바나나 드세요."

"아이고 이뻐라."

그러곤 옷 주머니를 주섬주섬 뒤적뒤적 하고 계신다.

"할아버지 뭐 찾으셔요?"

"아니 좀 있으면 어린이날이잖아. 내가 그때까지 살아있을지 없을지 모르니까 미리 선물은 못 사줘도 용돈은 줘야지."

"아이고, 우리 할아버지 100살은 사시겠구만."

"선물 못 사줘서 미안하데이."

"괜찮아요. 할아버지 맛있는 거 사드세요."

"올해 마지막이다."

기어이 용돈 5만 원을 주머니에 넣어주신다. 해마다 마지막이라고 하셨지만 그 마지막 어린이날 용돈을 27살까지 받았다.

그래서인지 어린이날이 되면 할아버지 생각이 많이 나고 또 어린이가 되고 싶기도 하다.

하지만! 농부가 되고 난 뒤에 어린이날은 모심는 날이 되었다.

보통 그전에 모판 작업을 해놓고 어린이날쯤 모심기를 한다. 물론 이앙기라고 하는 기계가 대부분 일을 하긴 하지만 그 일을 하기까지 사람의 손으로 모를 옮기는 작업들을 해야 한다. 또한 이앙기 운전도 사람이 한다. 나는 이앙기는 없지만 최대한 내가 할 수 있는 일들을 해야 한다. 그래야 올해 윤기가 좔좔 흐르는 맛있는 쌀밥을 먹을 수 있기 때문이다.

달력에 보면 각각 무슨 날 무슨 날이 있지만 농부의 달력은 그 무슨 날과는 조금 다른 거 같다.

5월 5일 어린이가 되고 싶은 어른이의 모심기!

농산물 포장
어디까지가 아름다움일까?

　명절이면 선물 세트를 비롯하여 화려하게 포장된 농산물들이 우리의 눈길을 끈다. 같은 농산물이면 포장이 좀 더 좋은 제품에 눈길이 가고 구매 욕구를 자극하기도 한다. 대부분 명절은 선물이 목적이므로 상대방을 고려하고 나의 이미지도 강조해야 한다. 그러니 제품은 당연히 좋아야 하고 포장도 화려한 것을 고르게 된다.

　미녀농부는 명절 선물 세트를 구성하면서 지구에 많은 쓰레기를 만든 듯하여 속상하기도 했다. 하지만 제품을 팔기 위해 어쩔 수 없는 현실이라는 벽 앞에 지구보다는 소비자와 농업인들을 위해 좀 더 세심하고 완벽한 포장을 하려 노력을 하고 연구를 해야 하는 딜레마에 늘 빠져 있다.

과연 우리는 화려하고 아름다운 포장 따위의 심리 욕구를 제품 구매에 우선순위로 놓을 것인가? 제품에 대한 진정성을 우선순위로 놓을 것인가? 고민해 보아야한다. 물론 '보기 좋은떡이 먹기도 좋다', '같은 값이면 다홍치마'라는 옛 속담이 있듯, 화려하고 아름다운 포장이 소비자의 구매 욕구를 자극하는 것은 나쁜 것이 아니다. 단지 소비자의 기본 권리이다.

화려하게 포장되어 있는 선물 세트를 받은 사람들은 계속 기분이 좋고 화려한 포장에 대한 여운이 남을까? 필자의 경우 포장이 화려하고 안전하게 포장되어 있는 것을 보면 순간 기분이 좋기는 하지만 포장을 뜯으면서 '이것은 어떻게 분리수거하지?' '이것은 분리수거가 되는가?' 여러 가지 고민에 빠지게 된다.

환경을 위해 그리고 경제를 위해 우선 소비자가 가지고 있는 포장에 대한 인식, 즉 겉모습만 화려한 포장보다는 제품 그 자체를 볼 수 있는 인식으로 바뀌는 것이 반드시 필요하다.

국가 차원에서도 재사용이 가능하거나 쉽게 분해가 되는 성분의 포장 재료를 연구하고 만들 필요가 있다.

포장의 아름다움은 우리의 눈을 잠시 행복하게 할 수는 있지만 우리 지구를 행복하게 하지는 못한다. 지구가 행복하지 못하다는 건 우리의 터전이 없어질 수도 있다는 일종의 경고임을 잊지 않고 개인과 국가가 함께 노력해야 한다.

식물성 고기, 그 아름다운 유혹

'최근 5년간 AI 구제역 살처분 가축 7,200여만 두', '미국에서 광우병 감염 소 발견', '가축 사육 및 가공에 따른 전 세계 온실가스 배출량 매년 증가' 등 축산업과 관련한 뉴스가 사회적 파장을 일으켰다.

또한 최근 비건(vegan)이라 불리는 채식주의자와 이들을 위한 전문 레스토랑도 증가했다. 덴마크의 경우 채식주의 식당이 10년 새 5배나 증가했으며, 우리나라도 채식 전문 식당이 10년 새 40% 이상 증가하고 있다. 여기에다 영화배우 레오나르도 디카프리오와 마이크로소프트의 빌게이츠 등 유명인들이 식물성 고기에 대해 투자를 해 더 주목받고 있다. 이런 사회적 흐름이 가축 사육을 줄여야 한다는 주장을 불러오고 있다.

그러나 식물성 고기를 생산하는 데 필요한 가공 기술들이 가축을 사육하는 것보다 안전한 것인지에 대해서 신중하게 생각해 보아야 한다. 육류의 식감이나 풍미를 만들기 위해 제조 과정에서 사용되는 기술이나 첨가물이 더 큰 환경파괴를 가져올 수도 있다는 가설에 대한 검증도 수반되어야 한다. 그리고 식물성 고기만으로도 실제 육류에 있는 영양소들을 제대로 섭취할 수 있는지에 대한 고민도 함께 해보아야 할 것이다.

식물성 고기 섭취가 동물성 고기 섭취로 인해 발생하는 질병을 예방하고 가축 사육수를 줄일 수 있을지는 모른다. 하지만 결국 식물성 고기 또한 제조 공장에서 찍어내는 가공품의 일부이므로, 무작정 육류를 식물성 고기로 대체하거나 채식을 하기보다는 동물 복지 방법들을 개선하는 것도 반드시 필요하다. 그것이 진정 환경과 인간, 그리고 동물을 위한 의미를 찾아 상생하고 발전하는 방향이 아닐까 생각해본다.

농촌에서의 삶은 언제나 고민의 연속이다.

농사짓고 싶은 이들에게

미녀농부는 농사짓는 부모님도 안 계셨고 내 소유의 땅도 한 평 없이 무모하다고 하면 무모할 수 있는, 도전 아닌 호기심에 농사를 시작하게 되었다.

원래 농촌에 살았지만 개인적인 성향이 강한 편이어서 농촌 고유의 생활 방식, 문화를 크게 경험하고 살지는 못하였다.

그래서인지 막상 농사를 시작하고 나니 농사일보다 농촌 문화에 녹아드는 일, 농촌 생활 방식에 적응하는 일이 더 힘이 들었다.

그리고 먹고사는 걱정도 언제나 늘 내 주위에 맴돌았다. 보통 직장 생활을 하면 매달 월급이 나오고 그에 따른 계획을 세워 생활할 수 있지만, 농사는 매달 월급이 나오지도 않고 작물에 따라 1년에 한 번 돈이 들어올 때도 있다. 그나마도 농사를 잘 지었다는 가정하에 가능한 일이다. 그해 생각지 못한 병충해라든가 태풍, 가뭄 등이 생겼을 때는 그마저도 투자한 것에 못 미치는 적자가 날 수도 있다.

그래도 나는 운이 좋은 편이었다. 늘 어릴 때부터 봐왔던 이웃분들이 농지를 빌려주기도 했고 농사일을 도와주기도 했기 때문이다.

대부분의 사람들이 전원생활에 대한 꿈을 가지고 농촌에 들어온다. 하지만 그 환상은 버리라고 말하고 싶다.

농촌도 경쟁하며 살아가는 사람들의 사회이기 때문에 꿈꾸는 로망은 없을 수도 있다. 그리고 마당이 있는 주택에 사는 사람들은 아주 부지런해야 드라마에서 나오는 정원 정도로 꾸밀 수 있다는 사실을 꼭 알기를 바란다.

또, 고된 농사일을 하다 보니 매일 곯아떨어지기 바쁘다. 나도 예전에는 '왜 농부들이 SNS를 통해서 스토리텔링하고 물건을 팔지 않을까' 라는 생각을 했었다. 막상 내가 직접해보니 손가락 하나 들기도 힘든 날이 허다했었다. 이제는 적응이 되었지만 처음 1년은 집에 들어가면 잠자기 바쁜 날들이었다.

농부의 시간은 보통 계절에 따라 다르긴 하지만 해가 뜨거울 때엔 일하기 힘든 탓에 보통 새벽 4시 반쯤 일어나 5시부터 길게는 점심시간까지 일을 하고, 해가 쨍쨍할 때는 한숨 쉰 다음 오후 3시나 4시쯤부터 다시 해가 질 때까지 일을 하게 된다. 또한 일요일은 쉬는 날이 아니다. 비가 와서 뜻하지 않게 쉬게 되기도 하지만 거의 매일 일을 해야 한다. 자연의 흐름은 내가 멈추거나 빠르게 조절할 수 없기 때문이다. 자연의 흐름에 맞춰야 하기 때문에 더 어려운 것이 농사가 아닌가 하는 생각이 든다.

반드시 꼭 하고 싶은 이야기는 무작정 농지를 구입하지 않기를 바란다는 것이다. 농사도 적성이 필요한 것이기 때문에 충분히 경험하고 또 공부하고 본인에게 맞는 작물을 선택한 후 농지를 구입하기를 바란다. 무턱대고 농지부터 구입을 했다가 농촌에 적응하지 못하고 농사에 실패한 채 상처받고 떠나는 경우를 보았기 때문이다.

미녀농부도 농사 적성을 찾기 위해 해마다 농지를 임대하여 해보고 싶은 것, 관심 있는 것을 토대로 농사를 시작했다. 그리고 이제야 무엇을 해야 할지 알게 되어 6년 만에 농지를 구입하기로 결심을 했다. 조금 더 안정적으로 농사를 짓기 위함이기도 하고 이젠 한 가지 작물에 집중하기 위함이기도 하다.

　맨 처음 농사를 지을 때 나는 단호박을 선택했었다. 그리고 단호박 종류에 대해 공부하고 경작하는 방법과 시기에 대해 충분히 알아본 다음 농사를 시작했다.

　왜 단호박을 선택했냐고 종종 묻는 사람들이 있다. 내가 단호박을 선택한 이유는 단호박을 좋아하기 때문에 충분히 잘 익은 것인지, 맛이 있는 것인지 알 수 있기 때문이었다. 농산물의 특성상 가공식품처럼 하나하나 맛을 보고 판매할 수 없기 때문에 겉표면으로도 충분히 알 수 있는 것을 선택하는 것이 실패하지 않는 하나의 방법이라고 생각했다.

　그렇게 4가지 종류의 단호박 모종을 1,000평의 밭에 심었다. 사실 단호박은 흔하게 농사짓는 종류가 아니라 독특한 종류였고, 씨앗을 구입해 밭에 그냥 뿌리면 되는 줄 알았는데 알고 보니 포트라고 하는 곳에 발아를 시킨 다음 어느 정도 키워서 모종을 심는 것이었다.

　이렇듯 간단한 한 가지 예만 보아도 농사는 결코 쉬운 일이 아니다.

하지만 늘 어려움만 있는 건 아니다. 농촌에서 나누는 정과 자연이 주는 선물은 그 어떤 것으로도 대체하기 어렵다. 아마 농사가 힘들어도 농촌을 떠날 수 없는 게 이런 이유일지도 모른다. 언제나 농촌에서 꿈을 꾸고 느끼는 하루를 보내고 있는 미녀농부지만 어려운 일도 있었다는 것을, 마냥 로망만 꿈꾸지 않았다는 것을 꼭 알아주기를 바란다.

— 영원히 청년 농부로 살고 싶은 이 정 원

호박 모종을 심고 있는 봄날

파밍테라피

자연에서 답을 찾은 청년 농부의 희망보고서

ⓒ 이정원, 2020

초판 1쇄 인쇄 2020년 8월 17일
초판 1쇄 발행 2020년 9월 2일

지은이   이정원
펴낸이   양인석
펴낸곳   생각의 지도
출판등록 2019년 11월 4일 제2019-000094호
주소   서울 성동구 둘레 9길, 상원빌딩 4층
전화   070-8065-4346
팩스   0504-495-4036
이메일   themindmapkorea@gmail.com

ISBN   979-11-969457-1-8 [03090]

책값은 표지 뒤쪽에 있습니다.
파본은 교환해 드립니다.

이 도서의 국립중앙도서관 출판예정도서목록(CIP)은 서지정보유통지원시스템
홈페이지(http://seoji.nl.go.kr)와 국가자료종합목록시스템(http://www.nl.go.kr/kolisnet)에서
이용하실 수 있습니다. (CIP제어번호: CIP2020033108)